教育部人文社会科学重点研究基地
Key Research Institute of Humanities and Social Sciences at Universities

Chinese Overseas Review

海外华人研究

（第二辑）

暨南大学华侨华人研究院　主办

暨南大學出版社
JINAN UNIVERSITY PRESS

中国·广州

图书在版编目（CIP）数据

海外华人研究．第二辑／暨南大学华侨华人研究院主办．—广州：暨南大学出版社，2019.7

ISBN 978－7－5668－2627－5

Ⅰ.①海…　Ⅱ.①暨…　Ⅲ.①华人—研究—世界　Ⅳ.①D634.3

中国版本图书馆 CIP 数据核字（2019）第 073925 号

海外华人研究（第二辑）
HAIWAI HUAREN YANJIU（DIERJI）
主　办：暨南大学华侨华人研究院

出 版 人：徐义雄
策划编辑：黄圣英
责任编辑：王莎莎　詹建林
责任校对：陈俞潼　曾小利
责任印制：汤慧君　周一丹

出版发行：暨南大学出版社（510630）
电　　话：总编室（8620）85221601
　　　　　营销部（8620）85225284　85228291　85228292（邮购）
传　　真：（8620）85221583（办公室）　85223774（营销部）
网　　址：http://www.jnupress.com
排　　版：广州市天河星辰文化发展部照排中心
印　　刷：佛山市浩文彩色印刷有限公司
开　　本：787mm×960mm　1/16
印　　张：11.5
字　　数：236 千
版　　次：2019 年 7 月第 1 版
印　　次：2019 年 7 月第 1 次
定　　价：45.00 元

目　录

海外华人研究

移民、故乡与文化传承的连续性

——在日福清籍华人社会文化变动与同乡同族网络的再建构*

张玉玲

20世纪80年代到90年代的日本华人社会有两个明显的特征。一方面，由于日本政府国籍法的修订，以及华人社会自身的世代更替，导致“二战”前来日的老华人开始加速其融入日本社会的本土化进程；另一方面，大批中国新移民从中国大陆涌入，使得日本的新华人数量急剧增加。但是，老华人社会并没有因为新移民的增多而出现再中国化的现象，其重要原因就在于新、老华人之间甚少往来。究其原因，一则是因为“二战”后至20世纪80年代后期，除了少数中国人通过探亲或偷渡等特殊的途径移居日本之外，老华人与国内家乡之间的往来不多。与此同时，中国社会自身也发生着巨大的变化，新、老华人两个群体在文化背景、价值观等方面都存在着不少差异。二则是因为“二战”前移居日本的华人多半来自广东、福建、江苏、上海、山东等地，他们通过乡族纽带实现所谓的“连锁移民”（chain migration），而20世纪80年代以后来日的华人新移民主要来自北京、上海等大城市，同时也有来自中国其他地方的少量新移民，其来日的途径也不再仅仅是同乡同族的纽带，而多通过移民中介公司办理来日的手续。华人新移民的居住地以东京、大阪等大城市为中心，遍布日本各地区。

2000年后，第一批来日的新华人经过十多年的打拼，已在日本基本站住了脚，打下了一定的经济基础，大部分人趋向于在日本定居。于是，日本各地的华人同乡会、华侨总会等老华人团体开始讨论是否应该以及如何吸引华人新移民入会，培养其成为华人社团的接班人。然而，由于种种原因，只有少数几个地方的新、老华人成功实现了融合。例如，在横滨和神户，福清籍的新、老华人在传统文化继承以及同乡会合作等方面携手合作成功，这两个地区福清籍华人的活动因

---

* 作者：张玉玲，日本南山大学外国语学部教授。本文系笔者原工作单位日本山口县立大学所资助的“福建省福清出身华人の移住および同郷纽带の拡大と文化的・社会的制度としての‘故郷’”研究项目的阶段性成果。本研究项目能够顺利进行，离不开众多移居日本的福清籍华人及其在福清侨乡的亲属、朋友的大力支持与协助，谨此表示衷心的感谢。

此显得格外活跃。那么，为何这两个地区福清籍的新、老华人能携手合作？他们是如何消除双方原有的成见的？有鉴于此，本文拟重点讨论福建省福清籍老华人和新华人的移居、定居过程，尽可能深入地剖析福清籍华人的乡族网络在其移居日本过程中所扮演的角色，同时将侨乡视为制约海外华人的一种文化社会制度，从此视角切入来进行探讨。

对于在日华人的研究，历史学、地理学、社会学以及文化人类学等各个学科的学者已做了多方面的深入考察，相关的研究成果不胜枚举。华人和侨乡，特别是与华人宗族关联的研究也一直是学术界所关注的对象之一。著名社会学家陈达的《南洋华侨与闽粤社会》（1939 年）可以说是考察海外华人与侨乡关系最早的一部中文论著。作者通过在海外华人移居地以及侨乡和非侨乡的数个地区所做的详细调查，指出南洋华人对于侨乡的经济发展、教育、医疗、交通、文化信仰等各个方面均有着巨大的影响。与此同时，人类学家 James L. Watson 指出，20 世纪 70 年代，香港新界部分原住民的村落在实现物质上的繁荣并接受西方文化的同时，传统宗族体制面临着瓦解的危机。在此背景下，移居伦敦的香港新界文姓一族的故乡却成功地维持了宗族体制及其他文化传统，其原因就在于香港新界的宗族体制发挥出了移民中介体的社会功能，从而使得海外的新界文姓移民坚持维系着传统的宗族体制。[①] 陈达与 James L. Watson 的研究论著成为学术界研究海外华人和侨乡关系的经典著作，但他们所研究的对象均为短期逗留型的海外移民，即以归乡为前提的华人移民，对于当今定居海外倾向较强的华人移民或许难以适用。

20 世纪 90 年代初，以可儿弘明、西泽治彦等人为代表的一批研究海外华人的日本学者出版了自己的研究成果。在这些成果中，他们强调了作为侨乡的华南与华人移动以及海外移居地之间的关系，尤其是宗族等亲族组织、血缘和地缘纽带等因素对于华人海外移居的影响。[②] 此后，山下清海编著的《改革开放后的中国侨乡——在日老华侨新华侨的出生地的变容》一书提及福建省福清籍华人移居海外以及侨乡的经济发展情况。与之前的研究论著相似，此书的着眼点也放在侨乡，即海外华人捐资、投资等经济活动下侨乡的发展与变化。[③]

通过上述这些简略的描述，我们很容易把海外华人和故乡之间的关系理解成如下的模式：移居异国他乡的华人出于对故乡的眷恋之情而对故乡进行投资和捐资，通过这样的方式来保持自己与故乡的关系，故乡的经济因此得以发展。在这种模式中，故乡似乎永远是需要帮助的对象，需要“被改造”的某种被动的存

---

① 濑川昌久译：《移民と宗族——香港とロンドンの文氏一族》，阿吽社，1995 年。

② 参阅 James L. Watson, *Emigration and the Chinese Lineage*: *The Mans in Hong Kong and London*, University of California Press, 1975.《シンポジウム华南　华侨・华人の故郷》，庆応义塾大学地域研究センター，1992 年；《侨郷华南——华侨・华人研究の现在》，行路社，1996 年。

③ 山下清海：《改革开放后の中国侨郷——在日老华侨新华侨の出身地の変容》，明石书店，2014 年。

在。也就是说，故乡与海外华人之间总会呈现出一种上下关系或从属关系。事实上，海外华人与故乡之间的另外一种关系却往往被忽略，较少被学者关注或加以探讨。譬如，作为侨乡最显著特点之一的宗族体系，不仅仅表现为一种父系血缘的特征，更是调节宗族内部关系的核心。作为一种潜在的行为和规范，儒家思想及各种伦理道德深深地约束着家族内的每一位成员。华人之所以汇款捐资给故乡，除了情感上的因素之外，还出于一种作为故乡一员的义务感与责任感。出国还是留在故乡，出了国之后该做什么或者不该做什么，留下的人又该做些什么，在侨乡反复输出华人移民的历史过程中，这些因素都会构成某种文化或者社会制度，进而影响海外华人如何维持与故乡的关系，以及华人在海外如何继续保持同乡关系的意识。随着“二战”后世界局势和中国社会发生巨大的变化，海外华人与故乡的关系也在发生变化，所以，应该也必须用新的分析框架来重新探讨海外华人与故乡的关系。

本文拟重点探讨日本的福建省福清籍华人社会近年来的内部变化，即原有的老华人群体在文化上的变化与新华人的急剧增加情况，以及新、老华人在传统文化继承方面所表现出的融合，通过分析福清籍移民利用血缘和地缘纽带展现其移居的连续性以及文化传承的一贯性，来重新探讨海外华人与故乡之间的互动关系。

一、在日福清籍老华人概况

1. “二战”前福清籍华人的移居与生活

“二战”之前，在日福清人的职业以在农村或山区贩卖和服衣料为主，即日本社会所称呼的“吴服行商”。此外，有许多福清人经营理发店或杂货店。福清人在日本行商的历史可追溯到长崎贸易时期。当时，在唐船停泊长崎港口期间，福清籍船员可以携带绸缎、麝香等货物在长崎市内进行私人贸易。1899 年，日本明治政府发布“内地杂居令”，允许外国人在横滨、神户等开放港口之外的地区居住。于是，来日本的福清人数量急剧增加，[①] 并在二十世纪二三十年代达到高峰。[②] 这些移民日本的福清人多半来自福建福清地区的高山、东瀚、三山等人

---

① 1853 年，日本与美国签订《日美通商修好条约》后，大批中国人以贸易商人或欧美人的厨师、佣人等身份从广东、上海、厦门等地来到日本，在明治政府给欧美人设置的外国人居留地附近群居，渐渐地形成了后来的中华街（在日本也叫南京町，即唐人街）。但是，在 1899 年日本政府撤销外国人居留地制度限制之前，外国商人是无法入境的。有关详情请参阅许淑真：《日本における福州帮の消长》，《摂大学术人文科学・社会科学编》1989 年第 7 号，第 59 – 77 页。

② 根据《福清市志》（厦门大学出版社，1994 年，第 34 – 39、125 – 133 页）记载，20 世纪 30 年代的福清地区台风、干旱、风灾等灾害不断发生，大批福清人不得不离乡背井，外出谋生。1929 年，在日华人总数为 29 500 人，其中行商者为 4 422 人，而在行商者中，有 3 243 人为吴服行商，其中绝大多数是福清人，比 1920 年的吴服行商人口 836 人，多出了近三倍。

多地少且比较贫穷的地区。除了日本以外，许多福清人还前往印度尼西亚、新加坡等地谋生。来日本后，在先期抵达的亲戚、同乡的帮助下，他们逐渐地学会如何在日本做生意，慢慢地成长独立。为了不与同乡的生意发生冲突，后来的福清人设法另辟蹊径，寻找新的商机和生意。久而久之，福清籍移民商人的足迹遍布日本各地，从山村至离岸岛屿，无所不及，与集中居住在横滨、神户等大城市从事贸易等行业的广东、三江（浙江、江苏、江西）的华人移民形成鲜明的对比。与此同时，必须指出的是，福清人的经济基础比较弱，这使得他们处于日本华人社会的最底层。①

“二战”之前，分散居住在乡下的福清籍华人与日本人的关系相对密切，其明显的特征之一就是福清籍华人与日本女性通婚的比例比较高。按照当时中日两国国籍法的规定，日本女性若欲与中国男性结婚，首先必须脱离日本国籍，然后再申请取得中国的国籍。婚后，一部分日本女性跟随福清籍丈夫在日本生活，也有相当一部分日本妻子带着儿女来到福建，留在福清乡下与夫家的大家族共同生活。“二战”结束后，这一部分生活在福清的日本女性，获准作为日侨携带家属返回了日本，从而成为日本福清籍新移民的一个重要组成部分。此外，生活在福清乡下的日籍福清人在子女教育及日常生活等方面，也相当程度地融入福清本土社会。他们的收入虽然微薄，但比起当地的农民、渔民，现金收入算是比较多的。为了获得当地社会的信赖，避免妒忌与歧视，许多人积极地为村里的学校或寺庙捐款。还有一点值得注意的是，在与日本女性结婚的福清移民家庭中，其子女多半采用日本人名字。②

战争期间，经济实力较强的华人商贾纷纷选择离开日本，继续留在日本的华人则被政府当局视作敌对国的国民，在政治、经济、日常生活等各方面受到压制与排斥。福清籍华人亦然。他们有的把国内的妻子儿女接到日本一起生活，有的被迫选择一家人分散在中、日两地生活。随着战事的进展，日本政府对外国人的监视日趋严密。由于福清人的主要职业是行商，日常做生意需要奔走于日本各地，于是，很多福清商人被政府当作间谍抓捕入狱，经审问后有的被无罪释放，也有的被投入牢狱，惨死在狱中。③

“二战”前，日本已成立起一些华人社团，其中，福清人曾参与的互助性社团有五个：长崎的三山公所（1899 年）、大阪旅日华侨福邑公所（1906 年）、福建京滨联合会（1924 年）、中华民国福州同乡会京都本部（1931 年，京都福建

---

① 例如，由于福清人向日本华人社会捐献的金额很少，以至于在很长的一段时期内，在中华会馆以及华人共同墓地的管理及使用权等方面，福清籍华人都受到华社的限制。

② 以上出自笔者自 2014 年至 2018 年陆续采访的近二十名福清籍老华人（第二代）的自身经历，或者是父母辈的经验之谈。

③ 中华会馆编：《落地生根——神戸华侨と神阪中华会馆の百年》，研文出版社，2000 年，第 214 - 217 页。此外，还有笔者对福清籍老华人的访谈。

同乡会前身）、旅日兵库县华商绸业公会（1935 年，现神户福建同乡会前身）。其中，长崎、神户和京都这三处的福清人社团后来作为福建籍华人的同乡会组织还主办了普度等民间祭祀活动，在中华传统文化的继承方面起到了重要作用。中日战争全面爆发后，日本政府进一步加强了对华人的监视，解散了各地所有的同乡同业团体，转而实施一地区一侨团的统一管理方式。同时，在日本各地成立新的侨团，以支持其在中国的傀儡政权以及其他战时政策。①

2. 战后在日福清人与同乡网络

战后，在日的华人因为是战胜国的国民，除了定期得到面粉、食糖等日常生活物资供应之外，还可享受免费乘坐电车等优待服务。当时，日本各地黑市盛行，战争期间销声匿迹的各种物资和食品也悄然现身，商人们遂在黑市上进行激烈的竞争和交易。散居在各大城市周边农村地区的福清籍华人也把自己种植的蔬菜等农产品拿到城市里来贩卖，然后再购买衣服等日用消费品带回乡下贩卖。为了经营方便，部分福清人只身一人移居到都市内的大车站附近，与同乡或同族亲属合作，共同出资经营食堂。经过数年的经营，他们用积蓄的财富进一步扩大自己的生意规模，开始经营扒金库②、不动产等买卖，很多人因此一跃成为华人社会的佼佼者。就这样，大批福清人在战后逐步地从乡村移居到了城市地区，除了长崎、神户、京都、横滨等都市之外，熊本、鹿儿岛、岛根、金泽、仙台等地的城市也都出现了很多经济实力比较强的福清籍华人。随着生活的安定，福清籍华人开始把更多的精力放到了子女教育方面，并开始加强同乡网络的建设。与此同时，随着战后民族主义热情的高涨，福清籍华人特别是在日本出生的年青一代（第二代移民）开始踊跃地参加以东京和京都为中心的留学生运动和华侨组织的社会活动，在获得并加强民族意识的同时，也强化了作为福清人的同乡意识。③

1961 年，为了促进各地同乡之间的交流，京都和神户地区的福清籍华人筹备成立了全国性的同乡组织“旅日福建同乡恳亲会”（简称“恳亲会”）。1961 年 9 月 15 日至 17 日，他们在京都市灵山举行了第一次恳亲会，全国各地有 60 多名福清籍华人参加。之后，日本的福清人每年都会在各地轮流举办这个活动。1984 年，他们第一次移师故乡，在福州举办了这个活动，当时有 420 多名在日的福清籍华人回乡参加聚会。④ 福清籍华人举办恳亲会活动的目的，除了增进海外

---

① 这些傀儡政权包括：1937 年 12 月于北平成立的伪中华民国临时政府，1938 年 3 月于南京成立的伪中华民国维新政府等。另外，1938 年 4 月，南京傀儡政权在东京目黑区成立了维新政府驻日本办事处，前驻日大使馆二等秘书官孙湜为所长，并兼任伪维新政府的代表。

② Pachinko，日本一种类似于弹球的电子赌博游戏。

③ 有关详情，可参阅张玉玲：《在日华侨同乡意识的演变——以福清籍华侨的同乡网络为例》，（新加坡）《华人研究国际学报》2014 年第 6 卷第 2 期，第 27 - 52 页。

④ 旅日福建同鄉恳亲会半世纪の歩み编辑委员会编：《旅日福建同鄉恳亲会半世纪の歩み》，2013 年，第 46 页。

同乡之间的团结、加深相互了解、巩固友谊之外，还具有推动连接同乡之间的经济活动，提高其经济地位，解决子女的教育、婚姻及就业问题等社会功能。其中，颇为有趣的是，他们强调福清籍华人子女的结婚对象必须是福清人。为此，在每年的恳亲会上，以及在普度期间，来自日本各地的福清人在欢聚之余，还为自己的下一代策划、举办了很多交流活动。通过这些联谊、联姻活动，在日福清人的同乡网络渐渐地愈加广泛，彼此之间的关系也愈加密切。

福清籍华人全国性网络的扩大和强化，当然离不开实力愈来愈强的各地区的福建同乡会的支持。1952 年，在战前成立的旅日兵库县华商绸业公会的基础上，神户地区的福清人成立了神户福建同乡会，并买下神户市营的中山手诊疗所作为同乡会的会馆。1972 年，神户福建同乡会申请登记社团法人，把同乡会的宗旨明确规定为：支援福建籍华人，改善地域社会的福祉，通过组织普度活动来提高华人的道德意识。1954 年，东京成立留日福建同乡会，并于 1966 年建造了会馆。由于会馆的建设资金全部来自华人的捐款，因此，同乡会在建设会馆的同时，成立了法人组织“福建同乡会馆有限公司”，通过房地产经营来保存、管理旅日侨胞的财产，并确保同乡会活动有稳定的财政支持。1972 年，留日福建同乡会联合浙江、江苏两地的日本华人共同出资，建造了华东会馆有限公司，留日福建同乡会此后也迁移至该会馆。[①] 1964 年，横滨的福清籍华人也筹资在中华街建造起了自己的会馆，也同样以房地产经营的方式来管理运营会馆，然后将利润分红给会员。神户、东京、横滨、长崎等华人主要分布地区之外的区域，如京都、仙台、冈山等，华人基本上都是福清籍人，因此，福建同乡会一般都挂在华侨总会的名下。此外，各地的福建同乡会在每个月召开理事会前后，也会顺便召开民间融资互助组织“无尽讲”[②]的碰头会，但如今的“无尽讲”已失去了融资互助的目的，而成为高龄会员联谊娱乐的活动之一。20 世纪 80 年代以后，随着日本社会对多元文化的接受以及对外来民族的开放，加上日本老华人社会的更新换代，在日华人加快了融入日本社会的步伐。与此同时，日本各地以老华人为中心的华人团体开始面临严重的接班人不足的问题。狮子舞、龙舞等中华传统文化的继承，关帝庙、中华学校以及各地华人会馆的运营及资产管理，都成为老华人们的担忧。各地的福建同乡会当然也不例外。由于涉及资产分配和老华人的利益问题，因此在是否吸收新华人入会时，各同乡会多半持保留和犹豫的态度。

东京是日本新华人最集中的地区，然而，东京留日福建同乡会的新华人会员却寥寥无几。与此形成鲜明对比的是神户、横滨两地。在当地的福建同乡会中，那些跟老华人血缘关系较近、事业上做得比较成功的部分华人新移民被老华人积

---

① 日本华侨华人研究会编：《日本华侨・留学生运动史》，日本侨报社，2004 年，第 521－531 页。

② 无尽讲（Mujinkou），相当于中国民间的标会、融资借贷互助会，这是在日华人社会中曾经普遍存在的一种资金互助方式。在日本的金融机构不面向外国人贷款的时代，很多人（特别是福清籍华人）都曾通过“无尽讲”这种民间的融资方式进行经济上的互助。

极地保荐入会。譬如，1982 年，神户福建同乡会的老华人会员为 135 户（若加上附近的姬路和群部地区，则为 194 户）；1998 年为 132 户，但到 2015 年下降到 104 户。经过老华人集体商议，在 2010 年左右，神户福建同乡会开始积极吸收新华人入会。2015 年，他们吸收了 38 户的新华人会员，会员总数为 142 户，[①] 已超过 30 年前福建同乡会的会员总数。在日本以老华人为主的同乡会团体中，神户福建同乡会在吸收新华人会员方面做得相当成功。有关日本各地区福清籍华人成立或参与福建同乡会的具体情况，可参阅表 1。

表 1　日本各地的福建同乡会

团体名称	所在地	成立时间	会员数（户）	团体性质
旭川福建同乡会	旭川市			任意团体
函馆福建同乡会	函馆市			任意团体
仙台福建同乡会	仙台市			任意团体
留日福建同乡会	东京都	1954 年	105	任意团体
千叶华侨总会	千叶市			任意团体
横滨福建同乡会	横滨市	1964 年	105	任意团体
京都福建同乡会	京都市			任意团体
石川福建同乡会	金泽市			任意团体
三重县福建同乡会	津市			任意团体
大阪福建同乡会	大阪市		55	任意团体
神户福建同乡会	神户市	1971 年	131	一般社团法人
姬路华侨自治会	姬路市		50	任意团体
冈山县福建同乡会	冈山市			任意团体
岛根华侨总会	出云市		12	任意团体
四国华侨联合会	高松市			任意团体
福冈华侨同乡会	福冈市		35	任意团体
大分华侨总会（大分福建同乡会）	大分市	2008 年	60（1987 年）	任意团体
三山公帮（长崎福建同乡会）	长崎市		40	任意团体
佐贺华侨总会	佐贺市		6	任意团体
熊本华侨总会	熊本市			任意团体
宫崎华侨总会	宫崎市			任意团体

① 根据神户福建同乡会事务局长魏浩顺先生 2015 年 8 月向笔者提供的信息。

（续上表）

团体名称	所在地	成立时间	会员数（户）	团体性质
鹿儿岛华侨总会 （鹿儿岛福建同乡会）	鹿儿岛市		40	任意团体

资料来源：旅日福建同郷悬亲会半世纪の步み编辑委员会编：《旅日福建同鄉悬亲会半世纪の步み》，2013年。

二、福清籍华人社会结构的变化

根据日本入管协会的统计，截至2012年末，日本全国共有64 000名福建省籍华人。[①] 其中，很大一部分人与中国其他省份出身的华人一样，是1985年中国政府开放门户、允许年轻人因私出国留学之后，以留学生的身份申请来日定居下来的，亦即新华人。剩下的那些华人移民，除了战前来日的老华人及其子孙外，还有部分人是在“二战”后至20世纪80年代末新移民大批来日之前，依靠其在日本的亲属或朋友等渠道陆续移居日本的。因为这部分福清籍的新移民人数不多，所以可以暂且称其为少数派。这些少数派福清人的来日渠道有以下四种：

（1）1945年“二战”结束至1952年《外国人登录法》[②] 发布之前（即美国占领时期），趁局势混乱而进入日本。

（2）《外国人登录令》以及其后的《外国人登录法》发布之后，经由中国政府批准的所谓“爱国华侨的家眷申请出国”取道香港而移居日本。

（3）1979年中国实施改革开放政策，作为对海外华人投资于故乡的回报，特别批准部分海外华人在国内的亲属出国定居。

（4）战前与华人结婚后留在中国国内居住的日本籍女性及其家属，特别是在日本政府与中国政府谈判日侨归国的事宜之后，获准携带其留在中国的家属返回日本的那部分华人，亦即日本社会所说的“残留孤儿”。

通过以上这四种途径移居日本的福清人虽然人数不多，但他们大部分是战前来日定居的老华人的近亲，所以，从一开始，他们就因为是本家族的成员而被大家所接纳，并获得信赖，在很短的时间内就顺利地融入当地的华人社会，同时积极地参加福建同乡会的各种活动。值得一提的是，在20世纪80年代中期，福清地区曾出现日本留学热，大批福清人因而涌入日本。这批福清年轻人之所以能顺

① 此数字为持有中国国籍者，倘若加上已取得日本国籍者以及非法居住的华人移民，估计远远超过10万人，其中大部分人来自福建省福清地区。自2014年开始，日本政府入管局统计中国移民时，不再区分中国各省的籍贯，所以，对于研究者来说，难以准确地知道2014年之后在日的福建华人究竟有多少。

② 1952年，日本政府颁布法令，规定外国人进入日本之后必须进行登记，以及随身携带登记证等，并根据此法令严格管理在日外国人。

利进入日本，关键就在于他们的家族中有许多人是战前在日本谋生并定居的老华人，或者是1980年之前就已移居日本的福清华人新移民。在办理因私出国前往日本的过程中，为大批福清新移民做担保人的正是他们在日本的亲戚，而这些新移民在日本站住脚之后，又带来了更多的亲戚、同乡和同学。在横滨和神户地区，可以见到好几个福清人的家族（甚至整个村落的居民）都陆陆续续地集体移居到了日本。这些整个家族或全村迁徙至日本的福清人，大多数都是因为其祖父或父亲为战前移居日本者，并在当地老华人社会中享有一定的声望，比较有影响力。当然，因为自己的祖母或母亲是日本人，在中日建交后作为归国日侨的家属而来日的福清新移民也为数不少。

简而言之，在20世纪80年代之前就已移居日本的这些少数派福清籍华人移民，为接踵而至的大批福清新移民移民日本发挥了很重要的桥梁作用，他们为家乡的乡亲提供相关移民信息、充当担保人等，使得福清籍华人移居日本的跨国移民模式呈现出某种“连续性”的特点。

1983年，日本首相中曾根康弘推出“留学生十万人计划”。紧接着，中国政府也在1985年开始允许国民以因私身份出国留学。之后，大批年轻人以留学生的身份从中国各地来到日本。由于在日留学的学费和生活费高昂，绝大多数的中国留学生都是通过半工半读来维持自己的学业，从而成为当时日本社会不可或缺的劳动力。在学成之后，很多人留了下来，成为所谓的日本“新华侨”或“新华人”。在逐年增多的新华人中，福建省籍的华人所占的比例一直保持在9%左右（详见表2）。他们在日本的居住地也不仅仅限于神户、横滨等历史悠久的开港都市，而是更趋于集中居住在经济发达的以东京都、埼玉县、千叶县等为首的所谓的“首都圈”，以及以大阪府和兵库县为中心的近畿地区。这种倾向与中国其他省份的华人基本相同。

表2　日本主要城市的福建省籍华人的分布状况（1994—2011年）

（单位：人）

年份	人数	日本全国	东京	神奈川	埼玉	千叶	兵库	大阪	京都	长崎	爱知
1994年	福建a	20 059	8 202	2 429	1 182	953	1 468	1 154	646	370	512
	全国b	218 585	73 494	19 336	14 538	10 364	13 102	17 982	4 910	1 277	10 036
	a/b×100	9. 18	11. 16	12. 56	8. 13	9. 20	11. 2	6. 42	13. 16	28. 97	5. 1
1998年	福建a	23 554	9 597	3 198	1 337	1 196	1 526	1 719	543	323	517
	全国b	272 230	77 513	22 541	17 337	14 657	13 970	24 782	5 796	1 761	12 967
	a/b×100	8. 65	12. 38	14. 19	7. 71	8. 16	10. 92	6. 94	9. 37	18. 34	3. 99

（续上表）

年份	人数	日本全国	东京	神奈川	埼玉	千叶	兵库	大阪	京都	长崎	爱知
2000 年	福建 a	27 522	11 152	3 913	1 580	1 649	1 814	1 794	532	318	584
	全国 b	335 575	92 142	27 057	21 197	18 947	15 710	27 672	6 939	2 233	15 831
	a/b × 100	8. 2	12. 1	14. 46	7. 45	8. 7	11. 55	6. 48	7. 67	14. 24	3. 69
2007 年	福建 a	47 540	16 579	7 811	3 354	3 199	3 531	3 662	497	476	1 189
	全国 b	606 889	133 108	46 750	39 202	36 724	23 456	45 885	10 744	4 039	41 605
	a/b × 100	7. 83	12. 46	16. 71	8. 56	8. 71	15. 05	7. 99	4. 63	11. 79	2. 86
2008 年	福建 a	53 699	18 527	9 559	4 060	3 687	3 726	3 831	482	602	1 258
	全国 b	655 377	144 469	51 789	43 411	41 125	24 760	48 155	11 107	4 317	46 167
	a/b × 100	8. 19	12. 82	18. 46	9. 35	8. 97	15. 05	7. 96	4. 34	13. 94	2. 72
2009 年	福建 a	61 896	21 654	11 313	4 971	4 484	4 069	4 067	512	781	1 377
	全国 b	680 518	156 844	55 095	46 556	44 458	25 726	49 946	11 429	4 459	47 099
	a/b × 100	9. 1	13. 81	20. 53	10. 68	10. 09	15. 82	8. 14	4. 48	17. 52	2. 92
2010 年	福建 a	64 344	23 445	11 903	5 692	4 635	4 051	4 225	549	609	1 503
	全国 b	687 156	164 201	56 095	48 419	45 427	25 585	51 056	12 005	4 037	47 454
	a/b × 100	9. 36	14. 28	21. 22	11. 76	10. 2	15. 83	8. 28	4. 57	15. 09	3. 17
2011 年	福建 a	64 028	23 911	11 888	5 915	4 634	3 934	4 381	616	473	1 563
	全国 b	674 879	164 424	55 362	47 816	43 581	25 253	52 392	12 459	3 598	47 313
	a/b × 100	9. 49	14. 54	21. 47	12. 37	10. 63	15. 58	8. 36	4. 94	13. 15	3. 3

资料来源：根据日本入管协会《在留外国人统计》平成七年至二十四年（1995—2012）各年的统计数字制作。

若仔细地分析福建人在日本各大城市华人中所占的比例，人们很快就会发现，神奈川县是福建人最为集中的地区。而且，2010 年以后，其人数增长得相当迅速。其次，为兵库县、东京都、长崎县等地。在这些地方，福建人在当地华人中的比例都在 10% 以上，而在华人人数相对多的爱知县，福建人的比例在 3%

左右。来自福建的新移民之所以会集中在神奈川县（首府为横滨市）和兵库县（首府为神户市），究其原因，主要有三点：第一，福建人特别是福清人，一般都是通过同乡同族的老华人的关系纽带来到日本的，而老一代的福清人早已集中居住在商业机会较多的兵库县与神奈川县，新一代的福清移民自然也就选择这些地方作为自己在日本的居留地。在福清籍新移民移居日本的过程中，与他们有着血缘关系的老华人直接或间接地提供协助，以至于兵库县和神奈川县逐渐地出现了数个福清人的移民“大族”，每个移民家族的人口均在数百人以上，成为当代跨国移民史上的奇迹。历史上，日本南部的长崎县也曾是福清人聚居的地区之一，但由于日本社会走向近代化之后，当地经济发展缓慢，故而对新华人的吸引力很弱。第二，随着老华人日益融入本土社会，许多老华人经营的中餐馆由于后继无人而不得不转卖。于是，刚从福建家乡移居日本的新华人便接手经营。例如，横滨的中华街和神户的南京町是日本享有盛名的旅游景点，2010 年后，当地大量的店铺都从老华人的手中转到了新华人名下，而且大多数是由福清人经营。第三，神奈川县、兵库县及其周边的东京都和大阪府等区域，除了唐人街可以为华商提供商机以外，当地的生活设施也很方便，有贩卖各种中国物资的商店、中餐馆、中华学校、关帝庙、妈祖庙和华人墓地等，对华人新移民的吸引力很大。福清人在经济上有了一定基础之后，便开始组织各种不同的社团，积极参与居住地或日本社会的各项公益活动。

三、福清籍新华人的定居与同乡团体的形成

大约从 2010 年开始，神户、横滨、大阪等地区就陆续出现了福清籍新华人组织的经济社团或文化团体。2011 年，为了促进在日福建人以及福建和日本之间的经济文化交流，日本福建经济文化促进会成立，会长由吴启龙担任。该会的总部设在东京，并在横滨、大阪和千叶设立分会，现有会员 700 多名。同年，为了促进在日福建籍华人之间的信息交流，以及向日本企业介绍推荐福建籍的优秀留学生，福清籍新华人又在大阪成立了融侨会（因为福清简称“融”，或称“玉融”），由何融诞出任会长。同样是在 2011 年，数名福清籍的商家在神户成立了同人联谊会，这也是一个带有同乡会性质的华人联谊社团。

与老华人组织的同乡会相比，新华人所组织的同乡社团的活动并不局限于同乡之间的互助，而是更侧重于海外居住国。如前所述，众多福清籍的新华人借助同乡或亲戚的帮助来到日本，除了一部分人回国之外，大多数福清籍新移民是已经或将要定居日本的新华人，他们中有的已获得日本的永久居留资格，有的正在申请并将获得日本国籍。在移居、扎根日本的过程中，他们不仅体会到同乡纽带的重要性，更在与日本本土社会的接触中，深深地感受并逐渐地接受了日本的文化，与日本社会的不同阶层建立起了自己的人际网络。为了巩固在日本的生活基础，进一步实现自己作为当地社会成员的价值，提高华人新移民在当地社会中的

地位，他们认识到有必要改善福清人的形象。例如，2011 年 3 月，日本福建经济文化促进会刚刚准备成立，就遇到日本东部地区福岛县一带发生大地震，伤亡者众多，东京及其附近的一些地区也遭受到巨大损失。地震发生后，十几名福建籍华人发起组织义演，捐资给灾区，成为促使该会成立的一大契机。2014 年，熊本发生大地震，几个福清籍新华人社团驾驶着卡车，满载着救援物资前往地震灾区①，这些抗灾救助的活动大大地提高了福建籍华人在日本社会与华人社会中的声望。毋庸置疑，福清籍华人在日本及世界各地所展现出的经济活力与商业网络，成立起类似日本福建经济文化促进会这样规模较大的华人社团，开始引起福清市和中国政府有关部门的关注，不断地受到鼓舞。②

四、故乡文化的继承与福清籍华人社会的内部整合

福清籍新华人在日本社会从适应到扎根的同时，也逐渐地对在日华人社会甚至日本社会的某些活动产生了影响，一年一度的普度祭祀活动即为例证。普度是老华人保留下的中华传统文化习俗，福清籍新华人参与并继承了这一传统习俗，并在参与的过程中对福清籍华人移民族群内部进行了整合，强化了其血缘纽带和地缘纽带。

1. 普度在华人社会的传承与变化

“普度”一词，源出于佛教用语的中文译语“普度众生”，就是为那些不幸客死他乡、淹死或夭折等非正常死亡的灵魂举行超度仪式。在普度传入中国之前，中国民间即有类似的祭祀孤魂的仪式。人们认为阴间的孤魂厉鬼会给人类带来干旱、虫害等各种灾难，因此为了镇服这些厉鬼，人们便举行一系列的祭祀活动。佛教传入中国后，与中国本土的民间宗教信仰相互渗透，之后就逐渐地演变成为普度期间施舍饿鬼、拯救灵魂的习俗。③ 在中国的很多地区，普度亦称为盂兰盆节、中元节或鬼节。每年农历七月，人们就举办普度祭祀活动，拜祭包括祖先在内的各种灵魂。在中国，特别是在南方的许多地方，普度一直是汉人社会的一个很重要的民间宗教节日。

在福清地区，普度祭祀活动以村落为单位不定期地举行，其主要目的是要按

---

① 摘自笔者于 2018 年 3 月对日本福建经济文化促进会横滨分会会长陈宜华先生的访谈记录。

② 譬如，2017 年 8 月，在日本福建经济文化促进会千叶分会的成立大会上，应邀出席会议的中国驻日本总领事王军参赞在讲演中，一方面强调福建同乡之间加强互助以及与日本社会交流的必要性，另一方面也呼吁日本华人不能忘记爱国爱乡的传统，应该发挥侨居地与祖国之间的平台作用。有关详情，参见日本福建经济文化促进会网站（http：//fjeca. org）。

③ 松本浩一：《中元节の成立について——普渡文献の变迁を中心に》，马场毅、张琢合编：《改革・变革と中国文化、社会、民族》，日本评论社，2008 年，第 219 - 237 页。

照民间道教礼仪，超度那些在人间游荡并给人间带来灾害的孤魂野鬼。① 人们认为，这些鬼魂对人世间的怨恨、留恋太深，不能转世，所以一直滞留在人世间。这些鬼魂时而出来作祟，给人们带来虫害、干旱等自然灾害，或是传染病等各种灾难。每逢遇到这种情况，村子里的长老就会提议举行普度祭祀活动，来压制或安抚这些孤魂野鬼，以恢复村子的安宁，保护村民的健康。普度仪式一般是在秋收之后举行，每次祭祀活动要延续三年。祭祀活动所需的经费由村民们共同出资，富裕者多出，就可以当缘首，其返回的“功德”也就越多。2015 年和 2016 年，笔者曾在福清的数个村子里做调查，发现新中国成立后当地的各个村子一般都只做一次到两次的普度祭祀活动。

在日本长崎、神户和京都这三个地方，每年的普度祭祀活动均由以福清籍华人为主的福建同乡会（在长崎则为三山公帮）负责主办。与故乡相比，在日华人的普度祭祀活动主要有两个特点：一是在每年的农历七月定期举行（高温潮湿的京都考虑到食物易腐烂而改为公历 10 月下旬即初秋举行）；二是除了超度孤魂野鬼，同时也祭祀过世的亲人。作为海外移民，华人在异国他乡继承故乡文化的过程中，因为受到当地社会各种因素的影响，有关的宗教祭祀活动难免会发生变化。

在日华人举办普度祭祀活动的历史可追溯至明朝后期。在福清籍华人大量移居日本之前，长崎的唐寺在 17 世纪将隐元和尚请到了长崎。此后，各唐人寺庙开始按照黄檗宗的礼仪规定来举办普度祭祀。19 世纪末至 20 世纪初，福清籍华人的数量急剧增加，他们每年都聚集在长崎的福州帮华人寺庙——菩提寺和崇福寺参加由三山公帮主办的普度祭祀活动。20 世纪 30 年代之后，神户和京都的福州方言群（其主要成员为福清人）华人也开始遵循黄檗宗的仪礼来举行普度，基本上沿用了长崎华人社会的习俗，但在具体举办活动的日期上做了一些改动。根据负责组织普度祭祀活动的总经理（负责人）老家在普度习俗方面的差异，以及他们个人的理解与诠释，加上各地华人社会不同的时代需求，三个地区举办的普度活动遂逐渐地发生了变化。1930 年，京都地区的华人开始在万福寺举行普度；神户和大阪地区的华人则于 1924 年开始在大阪的天王寺清寿院（大阪关帝庙）举办祭祀活动，但不久之后就中断了。据记载，神户的福清籍华人 1934 年在神户中华义庄、1938 年在神户关帝庙内先后举办了两次普度活动，第三次普度活动 1947 年在关帝庙举行。自此之后，成为当地华人社会的惯例，每年都会举办，并一直延续到现在。②

在早期，旅日福清籍华人举办普度祭祀活动，超度孤魂野鬼，实际上是将故

① 这种以村落为单位举行的普度称为“公普”，个人为了自家的平安而做的普度叫作“私普”，其特征也是连续举行三年。另外，福清地区的“中元节”是在每年农历的七月十四日举行，各家一般聚集在祠堂里祭祀祖先。不过，最近在长男家里举行普度仪式的情况比较常见。

② 中华会馆编：《落地生根：神戸华侨と神阪中华会馆の百年》，研文出版社，2000 年，第 331 页。

乡福清的民间宗教信仰继承、移植到了日本。对于第一代的海外华人而言，客死他乡而无法落叶归根是最大的不幸，因此，对于过世的同胞，也出于对其家属的怜悯同情，华人社团会对华人尸骨进行处理，并举办相应的宗教祭祀超度活动，这方面一直是海外华人社会最重要的公共活动之一。在日本函馆、神户和横滨等地，人们常可见到中华义庄，这些义庄即由当地华社建造，以便去世的华人在回葬故乡之前，尸骨可以在义庄暂时安葬。与义庄设施相配套的，就是为这些客死他乡的不特定的亡魂做集体超度，而这便成为普度祭祀的重要功能之一。[①] 20 世纪 80 年代之后，随着第一代华人的逐渐老去，第二代及第三、四代的华人在宗教信仰及观念上的变化，“客死”的概念已经不复存在，或已失去了早先所附着的宗教意义，海外华人对于鬼魂的诠释也开始发生变化。如此一来，普度祭祀活动期间原先设立的那些超度孤魂野鬼的祭坛消失了。如今，在普度期间设置祭坛，所拜祭的不特定魂灵只限于那些在战争中或灾害中死亡的同胞，不再是孤魂野鬼了，这说明海外华人信众出于某种人道主义精神来调整自己的拜祭对象，而不再是对孤魂野鬼的恐惧。

在普度祭祀活动期间，战后的神户华人会订制冥厝等物品供给过世的亲人，这一习俗很可能是受到福建老家葬仪“做功德”的影响。[②] 福清地区的村民在为过世的家人举行葬礼之后，或在其死后两年，会举行一种名为“做功德”的民间超度仪式，目的是消除死者生前所做的恶事，使其在阴间能够得到较好的待遇。在神户，由于葬礼仪式日趋本土化，以及受环境上的制约，很多人会趁着普度祭祀期间，给过世的亲人烧祭冥厝、纸钱等各种阴间的生活用品，以代替故乡“做功德”的习俗。但是，随着世代的更替，这种传统的华南民间信仰也开始渐渐衰微。从前，每年普度活动时，有将近 20 家订制冥厝，如今只剩下 5 ~ 6 家。从葬礼到祭祀几乎完全采纳日式习俗的华人，除非有家人的生前遗嘱，否则，很少有人觉得有必要特意在普度祭祀期间再次超度家人。

普度祭祀活动这一民间宗教活动是由老一代华人从家乡带到日本的，从明末到“二战”结束后很长的一段时间内，普度活动始终是日本各地的福清籍华人借以聚集一堂、叙旧、交换商业信息或商议儿女婚嫁的重要社会场所，在培养福清人对家乡的文化认同、强化同乡网络等方面起到了不可忽视的作用。然而，必

---

① 例如，神户的中华义庄是在 1870 年，即神户开港的第二年，为了暂时埋葬那些客死神户却不能回归故乡的华人的尸骨，而由当地华人共同出资建造的。超度客死他乡的同胞的亡魂，是当时来自中国各地华人共同的民间信仰。1873 年，为了超度在神户死亡的同胞的魂灵，宁波出身的华人总管胡小萍向兵库县外物长官申请举办“盂兰盆会之盛会”。相关资料可在神户华侨历史博物馆查阅。此外，1941 年，中华义庄迁移到现在的长田区时，广东、福建和三江出身的日本华人曾分别举行了盛大的盂兰盆会，参阅鸿山俊雄：《神戸大阪の华侨：在日华侨百年史》，华侨问题研究所，1979 年。

② “厝”，闽南方言，意为“房屋”。“做功德”亦为闽南方言。拜祭的人们用细竹竿和纸张糊成房子，并在房子里放置用纸片制作的电视机、高级汽车和佣人等，以便死者在阴间居住，享受舒适的生活。

须指出的是，在海外华人日益融入日本社会，生活方式以及宗教信仰价值观逐渐变化的过程中，普度活动所带有的宗教色彩和社会功能都开始衰退，不仅参加活动的华人越来越少，筹办普度活动的人员及资金也面临着严重不足的问题。

2. 福清籍新华人参与普度祭祀活动的个案分析

如前所述，居住神户的福清籍新华人在 2011 年组织成立了同人联谊会。在会长李琛之下，他们加设了理事长一名和理事七名。2015 年 7 月，该社团会员总数为 37 户，100 多人。除了每年定期组织旅游等活动之外，每个月理事们还聚在一起交换各种商业信息。同人联谊会成立之后的第二年，也就是 2012 年，会员们开始分工负责普度祭祀期间的精进料理，也就是素食的烹饪，以及普度拜祭后的飨宴①。同时，他们也开始兼任登记、贩卖香火和纸钱等工作。曾经萧条、衰微的普度祭祀活动，因为华人新移民的参加而注入了新鲜的血液，重新开始兴盛。自 20 世纪 80 年代末新华人开始大量涌入日本，到现在已将近 30 年，所以，同人联谊会的福清籍新华人参加组织普度活动的社团组织，看似偶然，其实也有其必然性。

同人联谊会会长李琛的祖父和伯公（祖父的哥哥）都是战前移居日本的老华人，在神户华人社会中有一定的威望。当初，伯公一家居住在兵库县，李琛的祖母留在福清老家，带着儿子（李琛的父亲）一起生活。1963 年，李琛出生后不久，父亲就去世了，留下李琛和姐姐跟着母亲生活。1979 年，李琛的祖父和伯公以海外华人的身份投下巨资，建设故乡，李琛一家因此获得政府的批准，得以移居境外，到香港定居。1984 年，在香港高中毕业的李琛来到日本留学，他一边读书，一边帮祖父和伯公做生意。毕业之后，他一度返回香港设立贸易公司，待生意走上轨道之后，他又把自己的商业网络拓展到了日本，在日本也设立了分公司。1997 年前后，李琛把妻子和孩子从香港带到了日本，从此一家人开始了在神户的新生活。由于李琛在日本的留学经历，更由于其祖父和伯公在神户地区所拥有的福清同乡网络，李琛一家在神户定居后不久，就被吸收加入同乡会，参加有关活动。虽然李琛在中国出生长大，接受的是社会主义教育，但是，由于他从小就没有间断过与祖父和伯公的来往，加上在日留学期间帮助伯公和祖父做生意过程中所积累的经验，对日本社会（特别是日本华人社会）相当熟悉，所以，他很容易地就能理解并尊重当地老华人的想法与价值观。

在神户的福清籍同人联谊会里，还有一位会员们称为“大哥”的重要人物：陈挺。陈挺，1962 年生于福清，自身也是侨眷，其祖父及祖父的几个兄弟都是

---

① 普度活动期间，主办活动者分别在中午和傍晚为参拜的客人免费提供饭菜，除了米饭，材料多用蔬菜、豆腐和粉丝等，避开荤腥食材。不过，近年来也开始提供啤酒。普度结束的第二天中午，主办者会邀请华社的长老，当地政治、经济界的名人（包括日本人）及附近区域的福建同乡会重要成员举办盛大的飨宴，庆祝普度顺利结束，此时可以使用荤腥食材。

在印度尼西亚定居的华人。陈挺移居日本，与妻子陈夫人有关。妻子的祖父也是福清人，战前就在日本行商，并与日本女子结婚生子。在战争的艰难时期，陈夫人的祖父带着大儿子和二儿子（即陈夫人的父亲）返回福清老家，祖母则带着小儿子和两个女儿留在了日本。1979 年，陈夫人和哥哥陪同父亲回乡探亲，顺带办理了在日本定居的手续。在此期间，陈挺也因为印度尼西亚的祖父返乡投资，1981 年获得当地政府的批准移居到了香港。陈挺与妻子从小就认识，两家人的住址相隔不远，所以，青梅竹马的两人始终没有中断联系。1986 年，两人办理了结婚手续。翌年，陈挺移居日本。依靠在香港餐馆当厨师的工作经验和一口熟练的粤语，陈挺很容易地就在神户的广东餐馆里找到了工作。经过数年辛苦打拼和资本积累，1996 年，夫妻俩在神户最繁华的地段开了一家自己的餐馆，首次打出“闽粤餐馆”的招牌。在此之前，日本的中餐馆大都以广东、上海、北京等熟为人知的中国地名为餐馆的招牌，所以，陈挺的店一开张就吸引了众多客人与新闻媒体的关注。神户的老华人也都成为店里的常客。在与客户及乡亲交往的过程中，陈挺逐渐地建立起广泛的人脉网络，同时也加深了对老华人的理解。1997 年，陈挺在当地老华人的邀请下，加入了神户福建同乡会。与李琛一样，陈挺因此成为加入以福清人为主的福建同乡会最早的新华人会员之一。

其实，同人联谊会里其他一些早期入会的会员也都是在 20 世纪 90 年代以留学生或者在日华人的配偶等身份来到日本并定居下来的中国新移民，他们与福清籍老华人之间，多多少少都有些血缘或地缘上的关系。换言之，移居到日本的福清籍新移民相互之间就是同乡或同族的关系。例如，李琛在福清老家的堂兄弟几乎都陆陆续续地移居到了日本，而且也都是在 20 世纪 90 年代前后来到日本的，仅住在兵库县的就有 60 多户，达数百人之多。这些福清新移民的年纪相仿，许多人在福清时就曾在同一所中学读书，因此彼此之间又多了一层同学关系。来到日本这个陌生的国家后，他们依靠着亲戚、同学、乡亲等不同的纽带关系获得帮助，解决了很多生活上或生意上的问题。当大家在日本的生活逐步地安定下来，生意有了初步的基础之后，这些在血缘、地缘或学缘方面早已有着紧密联系的福清新移民自然地就组成了自己的社团组织。

从老家来的新移民源源不断地加入当地老华人的社团，使得新、老华人之间出现了越来越频繁的互动与合作。类似李琛、陈挺这样在血缘、地缘等方面与新、老华人关系均相当密切的新华人的出现，使得原来交流不多甚至互相可能存在着偏见与隔阂的新、老华人群体之融合逐渐地成为必然。由于教育背景不同，成长及生活的环境有差异，新、老华人之间在交往初期肯定会存在着一些成见或误解，所以，双方都在努力尽快地消除这些成见或误解。例如，2012 年夏天，神户福建同乡会向同人联谊会提出请求，希望该会经营中国餐馆的会员们能够负责普度活动期间提供给客人饭菜的烹饪工作。为了消除老华人对新华人原有的成见，改善并提升福建人在日本的整体形象，同人联谊会决定义务承担普度活动期间的烹饪膳食及其他任务。于是，在普度祭祀期间，会员们身穿印有“同人联谊会”字样的T恤，轮流购买食材，并分工负责烹饪工作。从2013年开始，他们动员了更多的新移民会员来分别负责参拜者的登记、贩卖香火和纸钱等工作。这些来帮忙的新华人带来了更多的参拜者，因此，在最近数年的普度活动期间，主办方通过贩卖香火和纸钱等所带来的经济收益都在逐渐地增加，普度祭祀的规模开始恢复。通过共同参与组织华人社会的普度祭祀活动，福清籍新、老华人之间的隔阂在消除，距离在拉近，新华人不仅积极地报名加入神户福建同乡会，一些经济实力强、社交范围广的新华人还被推荐担任中华会馆或者华侨总会的理事等职务。

3. 普度活动促使华人社会进行重组

可以说，神户的普度祭祀活动促使当地新、老华人走向融合，是推动华人社会进行再建构的重要契机。由此可见，貌似很普通的中国民间传统宗教的普度祭祀活动所扮演的社会功能也是不容忽视的。

从宗教的角度来说，在今天日本的华人社会中，普度原来所具备的超度孤魂野鬼的功能几乎不复存在。虽然，很多宗教信仰行为都是人们下意识地在履行实践，其中的含义很少有人能够解释，但是，如今神户华人所组织的普度祭祀活动所体现出的宗教性却明确地突出了其祭祀祖先而不是野鬼的特点。究其原因，一方面是华人族群大部分人的受教育程度较高，持无神论观点者占据大多数。另一方面，他们仍然受到儒家思想（特别是孝文化）的影响，没有人对普度活动期间应该拜祭祖先一事表示质疑，或持否定的态度。此外，中国民间的普度拜祭所举行的时期恰好与日本的盂兰盆节（即祭祀祖先的节日）很接近，因此，很多华人，尤其是那些在日本出生的老华人，把普度与盂兰盆节同等看待。①

这里需要强调的是普度的社会意义，笔者认为这也是福清籍海外华人将普度祭祀活动继承下去的最重要的原因之一。简言之，普度祭祀活动除了具有宗教方面的功能之外，更具备了巩固海外福清人的同乡网络、维系福清乡亲彼此认同的社会功能。“二战”后，福清籍老华人坚持组织普度祭祀活动，在很大程度上是出于第二代海外华人民族意识的觉醒。普度活动为分散在日本各地的同乡同族的人提供了一个社会空间，让他们得以相聚一堂，商讨子女教育、结婚等华人族群共同面临的问题，其结果是进一步巩固、加深了海外福清人的同乡纽带。如今，已经高龄的第二代华人正在积极地吸收新华人，将他们推向前台，让他们也成为

① 在日本，至少在进入明治时代之前，受中国民间道教的影响，很多地区的人们相信农历七月时地狱大门打开，各种孤魂野鬼会游荡人间。因此，在此期间，民间会组织各种祭祀活动，以防鬼魂作祟。这就是日本的“盆”，也就是盂兰盆节。随着日本社会的发展，盂兰盆节期间人们主要祭祀神明化了的祖先，已不再祭祀孤魂野鬼。当然，对于“新盆”，也就是刚去世不到两年的亡灵，传说它们对人间还有所依恋，所以，少数人会在盂兰盆节期间对“新盆”做特别的祭祀。由此可见，老华人对于普度的认识，基本上与日本的盂兰盆节认识是相同的。

普度祭祀活动的主办者，其最大的目的就是唤起几乎已完全日化的第三代、第四代海外福清人的身份认同，以及对祖先的眷恋及对故土的思念。

通过参与组织普度祭祀活动，战后来日的大批福清籍华人（尤其是那些在改革开放后移居日本的福清籍新移民）深深地受到了感染和影响。这些人都是在新中国成立后出生成长的，有很多人是无神论者，少部分人是基督教徒或天主教徒，还有一些人甚至从来没有在福清老家生活过①。通过父母的网络，或通过血缘、地缘等纽带而加入当地老华人组织的这些新华人，将参与或组织普度祭祀活动视为自己的重要职责之一，同时也成为他们融入当地老华人群体的“社会化”（socialization）和“文化融合”（acculturation）的重要实践之一。部分华人新移民在办理亲人在日本过世的丧事过程中，会按照老华人的建议，在普度活动期间供奉冥厝，以超度亲人。尽管他们觉得神户的普度宗教礼仪与福清家乡普度活动的礼仪程序大相径庭，但是，“只要有心，做法稍微不同也没有关系”。2013 年，来日本 20 多年的李雅清在姐姐去世两年后，在老华人的指导下，给姐姐订制了冥厝，平生第一次参加了普度祭祀活动。此后，她每年都会主动地参加普度活动，并义务帮忙卖香火和纸钱等。2012 年以来，来日本 10 多年的刘明在普度活动中为纪念其已去世的印尼华人岳母，连续三年向华社订制冥厝，以超度岳母的亡灵。此后，他开始积极地参与包括福建同乡会在内的老华人团体组织的各种社会活动。

“老一辈的福清人在日本代代相传下来的中华民间传统，新一代的华人有义务将其继承下去”，这就是许多曾参与普度祭祀活动的华人新移民的看法。刚开始的时候，华人新移民只是为了给乡亲帮忙而参与组织普度祭祀活动，渐渐地在自觉或不自觉之中，普度祭祀活动成为他们作为福清人，更确切地说是作为日本神户福清籍华人身份认同的一个重要组成部分。通过共同参与并组织普度祭祀这一源自于中国故乡却在异乡发展变异的中华传统民间宗教活动，福清籍的新、老华人显然消除了彼此之间原有的偏见，逐渐地加深了相互的理解与信赖。神户地区以老华人为中心的华人族群的社会构造和文化传承开始慢慢地转变为新、老华人携手合作的模式。

五、结论：作为文化社会制度的“侨乡”与海外华人传承的连续性

虽然移居日本的历史时期不同，教育背景、价值观取向等方面也大相径庭，但是，日本的福清籍新、老华人却能通过密切的血缘纽带和地缘纽带，让双方逐步地实现融合，并进而令故乡的民间宗教文化之传承得以持续。就此意义上而言，的确是血缘纽带和地缘纽带维系了福清人海外移民的连续性，继而使得传统文化传承的连续性也成为可能。这种长时期向一个国家持续输出移民的现象在中

① 有一定经济基础的福清人有时也会在福州、上海等城市地区买下房产供妻子儿女居住。

国其他省份似乎并不多见，其中有多种因素。笔者认为，最重要也是最容易被忽视的一点就是移民的输出地，亦即侨乡的文化意义。

毋庸置疑，传统宗族体制下的儒家伦理道德与福清籍海外华人的故乡情结是深深地打在他们身上的烙印。福建省福清地区居民的祖先多属于古代来自北方的移民。根据当地数个村落的族谱记载，其祖先为了躲避战乱和政治迫害，整个家族从河南、山西等中原地区经过多次迁徙，最终于明末清初到达此地。在移居南方的过程中，为了保护整个家族的人身安全和共有财产，族人间的血缘纽带和上下辈分关系都需要明确强化，中国出自父系社会的封建宗法制度也在此过程中得以发展。福清地区人多，农耕用地少，加上当地居民历史上就有着四处迁徙的特性，所以，在福清定居形成村落之后，就有一部分村民漂洋过海，前往南洋及日本等地谋生。他们在离开故乡时就已很清楚自己的责任，必须在海外赚钱，养活留在故乡的家人。因此，华人在海外一旦立足，马上就会引来更多的亲友同乡。一旦经济上有了余力，便会汇款寄物给侨乡的家人。每逢村子里或家族有红白喜事，或者遇到经济困难者求助，即使血缘关系再远，他们也都会慷慨解囊，出资支援。1949 年，中华人民共和国成立，定居日本的福清籍华人与故乡之间的直接来往一度中断，但他们依旧设法通过香港给亲人汇款寄物，给村子捐款，顽强地保持着自己与故乡的联系。1978 年改革开放以后，他们又积极倡议并出资修复“文革”中遭受破坏的祠堂和村里的寺庙，请人重修族谱，使得宗族组织及其相关的民间祭祀活动在一定程度上逐步开始复活。

一方面，我们不否认，海外华人的这些行为是出于海外游子的思乡之情；另一方面，笔者认为，海外华人的故乡情结更应该被理解为是海外的华人家族成员在传统宗族体系约束下的某种向心力的表现，而这种在福建沿海地区普遍存在的宗族体系以父系血缘纽带继承为基础，同时受到各种伦理道德规范的制约。作为宗族的一分子，海外华人无论是在经济上支援故乡、资助宗族其他成员，还是在经商方面获得成功、在海外留学有所成就，凡此种种，都是为了实现自己对所属家族（或某个村落）曾做出的承诺（commitment）。在侨乡，那些曾经为村里的经济发展、公共教育事业、医疗事业等做出捐资贡献的海外华人，乡亲们会在乡村祠堂的墙上、匾额上，或者学校、寺庙前勒石，刻录下他们的名字和事迹，作为永久的纪念。其中，贡献突出的海外华人会被当地乡（镇）、县、市、省甚至国家有关部门赠予“爱国华侨”或“爱乡华侨”的荣誉称号。这些事迹不仅是海外华人的荣耀，同时也是族亲或村民们引以为傲的荣耀。至于那些既不回乡探亲也不捐款支持村里建设的海外华人，则会被乡亲们认为是“忘了本”，有亲戚关系的村民们甚至觉得自己有这样的亲戚真的很“丢脸”。通过诸如此类的褒奖和颂扬，海外华人与故乡或宗族之间形成了一种牢不可破的纽带关系，并常常通过各种“可视化”的褒奖与赞赏，教育并潜移默化地影响着村子里年青的一代，亦即那些不久之后将迁徙海外的潜在的移民，让宗族内的年轻成员明白，他们将来移民出国后该怎样做。[1]

在信仰方面，出于根深蒂固的“孝道”意识与异界观[2]，特别是为了超度在异乡死亡的亲人的亡魂，很多海外华人都会特意回福清，请家乡的道士为自己做道场。[3] 为了保佑自己在外旅途安全，海外华人往往会随身携带庇护神像，这些神像过了一段时间，也得带回家乡的祖庙进香，以恢复其神力。这些民间宗教方面的纽带和习俗，一方面令海外华人长期保留有故乡情结，另一方面也间接地恢复或保持着村子里的宗教设施、民间信仰和祭祀仪礼等乡土风俗。福清的新移民来到日本后，在创业之前都会回故乡，在祠堂或寺庙的神灵前磕头许愿，倘若有朝一日在海外奋斗成功，当返乡还愿，搭建祭台拜祭，并请当地的戏班子唱戏，感谢家乡的神灵护佑。在神户和横滨的关帝庙和妈祖庙，每个月的初一和十五（有时是初二和十六）都会有大批福建籍的华人新移民前来烧香参拜，这些都是福清侨乡所具有的特殊的地方文化特征。

就这样，海外华人与故乡之间产生出了各种互动关系，这几组不同的互动关系在以父系血缘以及相关的伦理道德与宗教信仰为中心的大磁场中，不断地循环与再生产，从而使得故乡作为一种社会文化制度不仅能够对留在村里的族人的行为道德加以引导和约束，而且对于已经移居在海外的华人也始终保持着向心力和约束力。由此可见，华人的海外移居与故乡传统文化继承的连续性，也都可以看作海外华人与故乡互动关系的必然产物之一。即使时间和空间上的隔阂造成了日本新、老华人群体在某些事情上的看法有分歧，但是，对于历来重视血缘纽带和地缘纽带的福清籍华人来说，这些都只是暂时的现象。恰如上述神户的个案所示，随着新、老华人对于故乡与根文化的需要与探寻，双方终究会慢慢地靠拢、走近，最后实现融合。

需要指出的是，随着中国经济改革的迅猛发展，福清故乡发生了巨大的变化，生活水平日益提高，导致海外华人与故乡之间相互作用的模式也悄然发生了变化。侨乡经济发展迅速，村民已不再需要海外华人的经济援助。当多年来坚持给故乡不断捐款的老华人突然见到自己的捐款被故乡婉言谢绝时，尽管对故乡开始变得富有表示欣慰，却显然掩饰不住那一脸悲凉的表情，仿佛自己与故乡的纽带很可能就此会被割断一样。与此同时，如今社会上由父母和一两个子女构成的所谓“小家庭”开始取代传统的大家族。移居日本的新华人也已不再是单身在海外旅居，而是选择一家人一起在日本定居，死后也倾向葬于移居地。神户的林

---

① 张玉玲：《中国人新移民と宗族》，《アジア游学》，勉诚出版社，2017 年，第 167 – 181 页。

② 即对死后世界的认识。

③ 客死异乡的亡魂被认为是得不到超脱，因此不能进入祖宗的坟墓，祠堂内也不能摆放他们的牌位。而且，当地人认为，这样的亡魂时不时地还会给活着的人带来灾难。所以，福清籍的海外华人返回故乡时，经常要求进行祖先祭祀，或者为客死异乡的亡魂做超度。其中，大多是已移居印度尼西亚和新加坡的华人。日本的第二代福清籍华人也有许多人回乡为父母的亡灵做超度。

女士明确表示，“来日本这么多年，习惯了日本的食物、日本的空气、日本式的想法。国内变化太大，再让我回国居住，已经根本不可能了”①。很多新华人异口同声地说，现在的居住地（神户、横滨等）在环境以及人际关系方面比福清故乡要简单得多，更加放松，并表明要在日本享受自己的后半生。对于福清籍的日本新华人来说，他们对于故乡的义务感或责任感，显然没有老一代华人那样沉重。作为故乡，福清已经渐渐地开始变得遥远。而对于那些在日本出生的下一代福清人来说，中国的老家可能只是一个抽象的概念。

类似普度祭祀活动之类的民间宗教文化和同乡会等社团组织，由于老华人在日本的生存需要，而被自发地保存了下来。在新、老华人群体融合得比较好的神户和横滨两地，这些文化和社团组织很可能会被新华人继承下来。与此同时，在中国和日本政府的有关非物质文化遗产政策的影响下，华人亦开始把与福清有关的历史文化作为一种文化资源或者精神财富来继承或发扬。例如，日本福清籍华人在 2015 年协助福清黄檗文化促进会②在长崎的华人寺庙以及京都的万福寺等黄檗宗派的寺庙，进行了多次文化交流活动。2016 年，福清籍新华人也于千叶成立了一般社团法人“黄檗文化促进会”，以协助其在日本开展活动。2018 年 11 月，由福建省文化和旅游厅以及日本株式会社太平洋观光社共同建设的“中国·福建文化海外驿站”在东京成立，其目的也是将文化作为一种资源利用于中日间的经济文化交流。今后，在中国各级政府的有关文化政策下，估计这种与文化传统的继承交流有关的社团组织或者企业会逐步增多。作为中华传统文化的传人，福清籍的新、老华人会以怎样的一种新的姿态来参与这些传统文化的继承与发扬，这些活动对华人的身份认同以及福清人的意识究竟会产生什么样的影响，还需更进一步的观察与探讨。

---

① 2016 年 8 月林女士（1974 年生于福清市高山镇，1992 年来日，住神户市）在神户接受笔者访谈时的田野调查笔记。

② 为传扬黄檗文化、继承隐元精神，而于 2015 年 4 月在福清成立的非营利性社团组织。

地方性认同与跨国商业网络的建构

——以20世纪后期海外晋江籍华人在祖籍地的投资活动为视角*

任　娜

【摘　要】本文立足海外华人社会，运用文献史料和中国、新加坡、菲律宾等多地的田野调查资料，以海外晋江籍华人这一地缘群体为研究对象，以地方性认同为切入点，重点探讨20世纪后期地方性认同如何贯穿到海外移民在祖籍地的商业活动中，揭示二者交织所构成的跨国网络的特点、机制与表现形式，并从社会资本的理论层面，将地方性认同与华人跨国商业网络联系起来。

【关键词】地方性认同；跨国商业网络；晋江籍华人；祖籍地

关于海外华人在祖籍地的商业活动，前人已多有论述，[①] 但其多以祖籍地为视角，且停留在华人资本对当地经济发展的影响以及政府在吸引侨资方面的成效。在探讨海外华人与祖籍地的商业互动时，虽也涉及地方性认同在其中发挥的作用，但鲜少从网络的形态对二者的内在关联进行分析。本文在运用文献史料和田野调查资料的基础上，以当代海外晋江[②]籍华人为个案，以地方性认同为切入点，探讨20世纪后半期，尤其是中国改革开放后的二十多年间地方性认同如何贯穿到海外移民在祖籍地的商业活动中，揭示出二者交织所构成的跨国网络的特点、机制与表现形式，并从社会资本的理论层面将地方性认同与华人跨国商业网络联系起来。选择晋江作为研究切入点，是因为其作为侨乡具有典型的样本意义，[③] 但与此不相匹配的是，国内学界的研究深度与理论性仍然有限，尽管也认

---

* 作者：任娜，暨南大学国际关系学院/华侨华人研究院副教授。本文为国家社会科学基金一般项目“东南亚华商与中国互动研究”（16BMZ097）的阶段性成果。

① 相关著作如庄国土主编：《中国侨乡研究》，厦门大学出版社，2000年；杨学潾：《改革开放与福建华侨华人》，厦门大学出版社，1999年；Cen Huang and Michael R. Godley eds. , *Qiaoxiang Ties*: *Interdisciplinary Approaches to* “*Cultural Capitalism*” *in South China*, Keagan Paul International, 1999. pp. 267－305.

② 1949年新中国成立后，设立晋江专区。1951年划县城及近郊置泉州市（今鲤城区），县政府迁青阳镇。1987年析置石狮市。1992年撤销晋江县，设立县级晋江市，由泉州市代管。本文中的晋江指历史上的大晋江地区，包括今天的泉州（鲤城区）和石狮，其原因在于：一是考虑到晋江行政区划历史沿革中泉州（鲤城区）、石狮与晋江的密切关联，二是海外晋江人在泉州、石狮一带投资活动频繁。

③ 庄国土：《晋江侨乡海外联系研究课题的目的、进程与意义》，《南洋问题研究》1999年第1期。

识到了该课题的重要性。[①]

一、内在关联：地方性认同、社会资本与商业网络

地方性认同以地理概念为表征，实质则是文化性的。它使个体产生价值偏好，在一定的场域中认可和共享一套仪式行为或资源，从而维持着个体和集体的认同。在海外华人社会，地方性认同通常表现为移民对祖籍地及其相应人文景观的归属意识，包括宗族、地缘、方言群、宗教认同等，并衍生出一系列的社会网络，如地缘、血缘和方言群网络等，通过这些网络，移民保持着对祖籍地的认知和认同。这些社会网络则成为华人移民将地方性认同资源转化为商业网络的社会资本。

根据法国著名的社会学家布迪厄（Bourdieu）的理论，社会资本是“实际的或潜在的资源的集合，这些资源是对一个相互熟识和认可的、多少具有制度化的关系的持久性网络的占有”，此外，这些关系“可在社会上通过一些团体得到构成和保证，如家庭、阶级、部落、学校或政党等”。[②] 可见，社会资本是通过社会网络获得的资本，它借助个体在网络或群体中的联系或资源而发挥作用。这种社会关系网络的建立，有赖于行动者与其他个人、群体或组织的互动以及行动者身份的信任、被认可与接纳。[③] 由地方性认同所衍生的各种社会网络则成为海外华人移民在祖籍地获取社会资本的重要来源之一。

布迪厄也指出，资本可分为经济资本、文化资本和社会资本。三种资本可以互相转化，“每一种资本在最后的分析中都可归结为经济资本”[④]。换言之，社会资本可以转化为经济资本，这样，地方性认同、社会资本与华人商业三者之间便在转换过程中得到了有机的统一。关于社会资本和华人商业网络的联系，刘宏做过专门讨论。他认为，“由于社会资本注重总体的社会结构与网络之间——内部的互动关系，它可以被用来充分说明华人跨国商业网络的一些基本特征，并作为研究华人经济活动的有效手段”[⑤]。本文即以海外晋江籍移民为例，分析其在历

---

① 例如，《南洋问题研究》1999 年第 1 期甚至出版了专刊讨论该议题。研究议题主要是探讨当地社会经济发展与侨资的关系（《归侨、侨眷与晋江乡镇企业》《改革开放以来捐赠在晋江社会经济发展中的地位与作用》），以及围绕当地文化与经济发展的关系展开（如《晋江经济崛起之海洋文化观》《地方传统与晋江社会经济的发展》等），不过研究多以情况介绍为主。

② Pierre Bourdieu, “The Forms of Capital”, in John G. Richardson ed. , *Handbook of Theory and Research for the Sociology of Education*, Greenwood Press, 1986. p. 248.

③ 马海龙：《身份认同、社会资本与商业拓展——马来西亚的中国回族商人个案研究》，《华侨华人历史研究》2017 年第 2 期，第 46 页。

④ Pierre Bourdieu, “The Forms of Capital”, in John G. Richardson ed. , *Handbook of Theory and Research for the Sociology of Education*, Greenwood Press, 1986. p. 252.

⑤ 刘宏：《中国—东南亚学：理论建构 · 互动模式 · 个案分析》，中国社会科学出版社，2000 年，第 217 页。

史时代背景下如何把地方性的社会网络资本化，建构起海外与祖籍地之间的跨国商业网络。

二、内外变迁：外部环境与社群演变

海外晋江人跨国商业网络的建构离不开外部世界和社群内部两方面力量的变化和推动。

（一）外部环境

“侨乡因其历史背景、人文地理与跨国网络等特质，已成为理解中国与世界、海外华人与中国关系的极佳切入点。”① 20 世纪后期晋江外部环境的变化为海外晋江人在祖籍地从事商业活动提供了一个有利的时代背景。具体表现在中国、东南亚以及国际社会三重氛围的作用和影响。

首先，就中国环境而言。政策上，中国的改革开放和重视海外关系，为海外华人与家乡之间联系的恢复和发展创造了有利的平台。经济上，中国所展现的经济活力以及外资政策导向为海外晋江人与侨乡建立长期稳定的跨国联系提供了必要的基础和前提。20 世纪 80 年代，中国相继在沿海侨乡设立经济特区，大力重视侨资。90 年代，邓小平提出了著名的“独特机遇论”——“对于中国来说，大发展的机遇并不多。中国与世界各国不同，有着自己独特的机遇。比如，我们有几千万爱国同胞在海外，他们对祖国作出了很多贡献”②，给海外华人与中国的联系打了一剂“强心针”，为 20 世纪末侨乡网络的再次繁兴起到了重要的鼓励和推动作用。此外，晋江良好的地方投资环境也为海外晋江人在祖籍地从事商业活动增强了信心。自 1979 年后，泉州成立了对外经济贸易委员会，专门为前来投资的华侨“铺路搭桥”，仅 1986—1990 年间，鲤城区侨办就协助 102 家华侨投资企业申请办理享受减免税优惠待遇认可书。③

其次，就东南亚社会而言。20 世纪 70 年代末期之前，主要由于冷战的关系，东南亚国家与中国之间很少接触，当地华族与中国之间的联系也颇具敏感性。中国改革开放之后，东南亚与中国的关系才真正进入正常化的状态。东南亚国家对待本国华人的政策开始调整，如放宽华侨华人到中国经商、探亲、旅游的规定，对本国华人与中国的经贸联系采取税务优惠、舆论支持等鼓励政策，一些政府首脑还亲率有华人企业家参与的代表团到中国寻求投资机会。如 1993 年，马来西亚首相马哈蒂尔访华时有 300 多名代表随行，其中近一半是包括华人在内的工商

---

① 段颖：《作为方法的侨乡——区域生态、跨国流动与地方感知》，《华侨华人历史研究》2017 年第 1 期，第 2 页。

② 国务院侨务办公室、中共中央文献研究室编：《邓小平论侨务》，中央文献出版社，2000 年，第 12 页。

③ 泉州市鲤城区地方志编纂委员会：《鲤城区志》，中国社会科学出版社，1998 年，第 1093 页。

企业人士；同年，菲律宾总统拉莫斯访华时，随从人员中也有 6 名华人企业家。新加坡资政李光耀20 世纪 80 年代多次访问中国后，到 1991 年末，新中经贸关系突飞猛进，仅 1992 年新加坡在中国的投资总额就高达 1. 22 亿美元（折合 1. 96 亿新元），超过此前 13 年间新加坡在中国投资的总和。①

最后，从国际视野来看。随着全球化步伐的加快，国际之间资金、技术、人员、信息的交流变得愈发频繁和必要，没有任何一个国家和个人可以在封闭的环境下得以生存和发展。海外晋江人与祖籍地之间跨国商业网络的形成是顺应世界历史发展潮流的必然结果。

（二）海外晋江人社群

20 世纪下半叶，伴随着海外华人社会的转型，海外晋江人社群内部结构的变迁成为海外移民在祖籍地建构商业网络的主要内因，体现在社群的行业特征和社会结构两方面。

第一，社群的商业特征显著，涌现出一批集团化、跨国化的现代大型企业，为海外晋江人商业网络的向外扩展奠定了雄厚的经济基础。

“二战”前，海外晋江移民在经济领域已取得了相当大的成就，如在菲律宾，晋江人在商业领域占有绝对优势，出现了像“木材大王”李清泉和“内海航运业先驱”杨嘉种这样资本雄厚的实业家。20 世纪 70 年代后，随着东南亚国家对华侨华人经济的限制开始放松，晋江籍移民的经济有了更大的发展，如 5 家实力最强的菲国企业中有 3 家为晋江籍华人所创办，13 家闽籍华人银行中，祖籍为晋江的华人银行也占有 8 家，其中有的已成为跨国银行。同一时期，新加坡晋江人的经济事业也毫不逊色，涌现出了颜期伟、黄加种、颜期巢等杰出企业家。大批移居香港的晋江人也在 70 年代后的经济领域大展拳脚，所经营的事业遍及银行、航运、房地产、建筑、证券、酒店等二十多种行业，② 出现了一批实力雄厚的工商业巨子。晋江籍华人在经济领域的显著成就为商业网络的跨国拓展提供了根本的物质基础和保障。

第二，由华侨社会向华人社会的转型。由于 90% 的海外晋江人聚集在东南亚地区，因此，该社群的结构转型与东南亚华人社会是同步的。③ 1955 年中国不承认双重国籍的立场，使华侨必须在祖国与居住国之间择其一为国籍。事业与家庭已根植于海外的大多数华侨选择了加入当地国籍。政治认同的转向使他们在主客观上都接受了这样的事实——他们的身份和过去的华侨不同。这样，包括晋江

① 廖建裕：《华商投资中国引起一些人批评》，《联合早报》，1994 年 1 月 23 日第 3 版。

② 周仪扬：《同心同德　守望相助——香港晋江同乡会简介》，晋江文史资料委员会编：《晋江人在香港》，1998 年，第 399 页。

③ 20 世纪 70 年代以后有 20 万左右的晋江新移民涌向东南亚，尤其是菲律宾，对海外晋江籍华人社群的人口和社会结构产生了一定的影响。相关研究如朱东芹：《闽南侨乡新移民：形成、分期与特点》，《南洋问题研究》2016 年第 1 期。本文的研究对象主要指老一代晋江籍华人移民。

人在内的东南亚华人社群也随之逐步完成了从华侨社会向华人社会的转变。

在上述背景下，海外晋江人在祖籍地所从事的投资活动是理性的商业行为，是经济全球化过程中资本流动和重组的重要组成部分。那么，作为理性的投资者，晋江籍华人对家乡的地方性认同是如何被资本化运用于祖籍地的商业领域的呢？

三、跨国商业网络中的“地方性”：网络建构的特点与机制

20 世纪后期，海外晋江人因商业活动在与祖籍地长期互动的过程中形成了稳定的商业网络，该网络凸显了“地方性”因素，即深深嵌入到他们在祖籍地的社会关系里。下面重点讨论晋江华人跨国投资网络的地方性特点和机制，主要表现在以下三方面：

（一）空间多重性

海外华人的祖籍地，狭义上可小到一村一镇，广义上又可大到一区一省。柯群英在分析华人移民的祖籍地时，将之划分为以祖村为代表的“内部发源地”和以县或一般地域单位为代表的“外部发源地”。[①] 这一特点反映到以地理概念为依托的地方性认同上，则表现了地域“流动性”的特点。换言之，按照祖籍地区域由小到大的顺序，海外晋江移民认同的“地方”可依次排列为某村、某镇、晋江（市）、闽南（地区）和福建（省）。这使得海外晋江人在祖籍地从事商业活动时，能够根据商业利益的需求，灵活地游走于不同层面的地方性认同之中，显现了商业网络在空间建构上的“多重性”。这一时期，海外晋江籍华人投资的空间格局主要表现为两个地方层面：晋江和闽南。

1. 晋江

改革开放以来作为重点侨乡的晋江，尤其是晋江南部地区吸收了大量的侨资，[②] 一直是海外晋江人进行投资活动的主要区域。1978 年海外晋江人间接投资的晋江乡镇企业就已达到 1 141 家。从 1981 年至 1999 年，晋江籍华人回乡创办三资企业的数目就达到了 2 400 多家，[③] 比改革开放前翻了一番。此外，根据 1997 年对晋江三村（凤美、钞井、溪边）海外移民在国内的投资情况的调查，在对国内投资的 43 个受访户中，有 27 户选在晋江投资，占到在国内总投资户的 63%，而在其他地方，如在深圳、广州、福州等地的投资者只有 16 户。[④] 晋江之

---

① 柯群英：《人类学与散居人口研究：侨乡研究中的一些注意事项》，《广西民族大学学报（哲学社会科学版）》2005 年第 4 期，第 59－60 页。

② 朱东芹：《闽南侨乡新移民：形成、分期与特点》，《南洋问题研究》2016 年第 1 期，第 92 页。

③ 郭永通、施文芳：《情系桑梓　功彪史册——晋江旅外乡亲近二十年对家乡的贡献》，《晋江乡讯》，1999 年 2 月 28 日。

④ 俞云平、王付兵：《福建侨乡的社会变迁》，湖南人民出版社，2002 年，第 131 页。

所以成为海外晋江移民商业投资的首选之地，其中固然有情感因素，但最重要的还是在于他们在当地有着丰厚的社会资本——基于血缘和地缘的社会网络，这成为其投资安全的最佳保证。晋江籍华人中小企业主偏多，资金的薄弱使其投资无法向大城市进军，加之改革开放之初投资政策环境不完善，故而他们常常选择自己最为熟悉的地区，借助当地的社会关系，以“投石问路”。

2. 闽南

海外晋江人在闽南地区的商业活动是将在祖籍地的投资网络扩展到区域层次，显示了商业活动中地方性认同的灵活与流变。厦门是这一区域网络的重心。选择厦门，一方面借助厦门经济特区的优惠政策和作为闽南经济、交通、文化中心的区位优势，成为“闽南侨汇集散地和闽南籍华侨投资、归国生活的首选之地”①；另一方面则在于厦门与晋江同属闽南语系，海外晋江人借助与厦门深厚的地缘与文缘网络（近乎相同的方言和文化习俗），能够快速地适应当地社会。尽管这一历史时期，晋江籍华人在厦门外资中的比例缺乏具体的统计数字，但根据“投资于厦门的华侨绝大多数是非厦门籍贯的闽南人”②，而新中国成立前，在厦门华侨房地产投资中，晋江地区的华侨已占有一半以上③这两条史据，我们可以推断，1978 年之后他们在厦门的投资必定不占少数。而此后，在厦门不断涌现的晋江籍华商名人，如陈永栽、施至成、吴懿辉等，也支持了这一推论。1983—1992 年，厦门利用外资（以侨资为主）165 173 万美元，而到 1993—1998 年间，厦门此数额翻了 10 倍之多，已达到 1 618 695 万美元。④ 这一变化也从一定程度上反映了进入 20 世纪 90 年代后，海外晋江人在厦门的投资网络所呈现出的强劲发展态势。

相对于晋江和闽南（厦门）而言，海外晋江人在商业活动中对于福建省内其他地区的认同较为薄弱，投资活动也较为稀少。如改革开放初期，华商在闽南以外的地区，如三明、南平、龙岩等地的投资比重只占全省的不到 5%。⑤ 究其原因有二：一是这些地区的方言、风俗习惯和晋江有较大差异，二是与这些内陆山区的地理因素和投资政策有关。总而言之，晋江和厦门是海外晋江人在地方性认同下所建构的跨国商业网络的两个空间重心。这一方面反映了海外晋江人将集

---

① 庄国土：《海外华资在厦门经济发展中的地位——厦门侨乡研究之一》，《中国侨乡研究》，厦门大学出版社，2000 年，第 248 页。

② 庄国土：《海外华资在厦门经济发展中的地位——厦门侨乡研究之一》，《中国侨乡研究》，厦门大学出版社，2000 年，第 248 页。

③ 林金枝：《近代晋江地区华侨的国内投资》，晋江地区华侨历史学会筹备组编：《华侨史》（第 2 辑），1983 年，第 268 页。

④ 庄国土：《海外华资在厦门经济发展中的地位——厦门侨乡研究之一》，《中国侨乡研究》，厦门大学出版社，2000 年，第 248 页。

⑤ 俞云平、王付兵：《福建侨乡的社会变迁》，湖南人民出版社，2002 年，第 146 页。

中于晋江和厦门的血缘、地缘和文缘的社会网络实现资本化，促成了两地商业网络的形成；另一方面也显示出地方性认同在商业网络中所展现的张合力。“地方”这一概念变得愈发灵活，凸显了其从地理范畴向社会文化语境的演变。

（二）“虚”“实”转化性

“虚”“实”转化性指网络起初处于一种“休眠”状态，尚未在商业活动中被充分利用，一旦时机成熟，网络就有被激活的可能。各种世界性的海外华人社团联谊大会对于华人商业网络的建构有着明显的积极意义，也是“虚”网络产生的主要场域之一。

ZZH 的经历颇具代表性。他是一位来自菲律宾的晋江籍华商，多次参加世界性的郑氏宗亲联谊会，结识了许多来自中国和海外的乡亲和宗亲。到目前为止，这种借大会场合而建构的人际网络关系还未对他本人的生意活动产生任何实质性的帮助和影响，但他坦言：“每次大会虽多以文化交流为主，但私下交谈时则会涉及生意情况，而且每次大会资料也包含一些与会成员的个人信息，对彼此认识也有帮助。虽然我目前还没有通过此途径与他人有什么生意上的合作，但也许日后会有。如果有适当的机会，我会跟他们进行联系。”① 可见，“虚”网络是一种在商业活动中具有潜在价值但尚未开发利用的网络形态。

“实”网络是“虚”网络的最终转化结果，指原本“虚”“弱”的社会关系在商业活动中得到充分利用，实现了社会资本化的过程，最终促成了商业网络的建构。HJZ 的个案即经历了这一转化过程。HJZ 是祖籍晋江的新加坡企业家。20 世纪 70 年代，他创办了一家船务公司，到 90 年代，该公司已发展成为年营业额近 3 亿元的企业集团。财力的不断壮大和社会声誉的日益提高使他于 80 年代当选为新加坡安海公会主席。1992 年退任后又被聘为永久荣誉主席。多年来，公会主席的职务使他在社团与家乡交流的过程中结识了众多祖籍地政府的官员和民间人士，但当时维系这种关系存在的只限于公会事务，双方私下并无密切往来。换言之，此间 HJZ 与家乡的人际网络虽已建立，但属于一种弱势的“虚”网络，还没有被应用到其个人商业活动中。80 年代末，安平开发区的建设则是由“虚”转“实”的开始。1989 年，HJZ 着手家乡开发区的项目。开发规模的庞大与相关国家政策的不完善使得项目开展后碰到了许多意想不到的困难。HJZ 凭借之前与当地官员的“个人关系”，许多事情迎刃而解。至 2006 年，该开发区年产值 6 亿多元，成为中国第一个由外商成功独资经营的成片开发区。②

此个案显示，以往通过社团活动和私人交往在祖籍地建构的地缘网络在个人事业的发展中得到了充分利用，原本弱势的非商业性地方网络通过对外部环境施加影响而发挥作用，实现了社会资本化，最终转化为了带有商业价值的社会网络。

---

① ZZH 访谈录，2005 年 3 月 19 日，马尼拉。

② HYQ 访谈录，2006 年 4 月 19 日，晋江。

(三) 社会机制性

投资网络是否具备社会机制性，一个很重要的衡量标准在于网络的组织与运作程序是否获得了价值和稳定性，[①] 而这通常由众多稳定和系统化的社会组织和商业机构来加以实现。在海外晋江人社会，家族、地缘社团以及商会，在与祖籍地商业网络的社会机制建构中扮演了重要角色。

1. 家族

在中国传统社会，最重要且居于中心地位的就是亲属关系，[②] 血缘的有无成为华人之间能否信任的重要衡量标准，而由血缘关系产生的稳妥性和可靠性，也使得家族网络成为华人机制性商业网络的重要一环。晋江籍华人 L 的案例颇具代表性。L 于 20 世纪 60 年代移居香港，80 年代初，他决定在家乡开办服装加工厂。在选择国内合作伙伴时，经再三斟酌，他选中最为信任的三个外甥作为企业的合作者和管理者，L 本人长居香港，并定期前来指导。五年后，L 在原有厂子的基础上成立了中外合资服装厂。该公司产值每年以 50% 的速度递增，目前已成长为一家颇具名气的服装有限公司。[③] 这种在家族成员内建构起来的商业网络在笔者的海外晋江移民调查中相当普遍。由血缘认同而产生的归属感和信任使祖籍地的亲族网络在商业活动中转化为社会资本，是海外晋江人建构跨国商业网络的关键机制之一。

2. 地缘社团

20 世纪 80 年代后，以地缘为纽带的传统型社团对于晋江移民与祖籍地商业网络的建构发挥了持续且稳定的推动作用，其主要扮演了三重角色：组织者、协助者和接洽者。

首先，社团作为回乡经贸考察的组织者。1990 年亚洲晋江联合会率中国港澳台及菲律宾等众乡团代表到福建考察；[④] 菲律宾晋江同乡总会在 1993 年成立后，也数十次组织家乡经济考察访问团。据统计，自 1978 年以来到 20 世纪末，仅由晋江市领导和市侨务部门接待的海外团组就已达到 305 个之多。[⑤]

其次，社团作为经贸活动的协助者。1985 年新加坡晋江会馆配合泉州市经

---

① 塞缪尔·亨廷顿将“制度化”看作“组织和程序获得价值与稳定性的过程”。参见刘宏：《华人企业网络的全球化、制度化及其历史与社会基础》，周南京主编：《华侨华人百科全书（总论卷）》，中国华侨出版社，2002 年，第 279 页。

② 费孝通：《乡土中国　生育制度》，北京大学出版社，1998 年。

③ 转引自《贺东航访问记录》，厦门大学南洋研究院晋江侨乡调查，1997 年 2 月 25 日；德林：《地方传统与晋江社会经济的发展》，庄国土主编：《中国侨乡研究》，厦门大学出版社，2000 年，第 95 - 96 页。

④ 《新加坡晋江会馆会讯》1991 年第 4 期，第 25 - 29 页。

⑤ 郭永通：《发挥侨乡优势，扩大中外联系》，庄国土主编：《中国侨乡研究》，厦门大学出版社，2000 年，第 11 页。

济开发公司在新加坡联合举办了经济投资洽谈会，[①] 菲律宾晋江同乡总会也在1995年成立了“经贸协调委员会”，旨在“促进菲中及亚洲地区经贸活动”。[②]

最后，社团作为家乡经贸访问团的接洽者。海外社团接待了各种家乡代表团，大到省级，小到镇级。如新加坡晋江会馆在20世纪80、90年代接待了福建经济代表团、厦门工商联合会代表团、晋江市经济代表团等，并举行了“晋江市投资座谈会”。[③] 菲律宾晋江同乡总会也先后接洽数十个来自家乡的考察团，多数均带有经贸交流的性质。[④]

可见，地缘性社团网络构成了海外晋江移民在祖籍地从事商业活动的重要社会资本来源。社团组织依赖其深厚的历史根基和制度建设，从更大的团体层面强化了海外晋江人对于祖籍地的身份认同，在一定程度上弥补了血缘家族关系的局限性，促进了家乡商贸信息的传播，为海外晋江移民在祖籍地建构商业网络提供了必要的联系机制。

3. 商会

华人商会自始至今一直在海外华人社群内部以及国与国之间发挥着重要的桥梁作用。[⑤] 对海外晋江人而言，商会也是其继家族、地缘社团之外建构跨国商业联系的又一重要机制。菲华商联总会（简称“商总”）[⑥] 作为海外晋江人社群中颇具影响力和代表性的商业组织，就是例证之一。

菲华商联总会成立于1954年，是菲律宾华人工商业界规模最大的机构。早期因其亲台倾向一直与大陆毫无往来，直到1994年双方才开始交往，凭借其强大的影响力，成为菲律宾晋江人与祖籍地之间跨国商业网络的重要制度性桥梁。在1994年和1997年商总访问大陆的两次行程中，参团成员先后到福州、泉州、晋江、厦门等地，与地方政府领导人座谈，了解当地商业信息，并有计划地参观考察当地的外资企业和工厂。借助于此，一些参团成员取得了重要的商业成果，如签订商业用地协议，投资过程中遇到的问题也由政府出面得以解决，等等。[⑦] 商总在获取商业信息、组织商业活动以及发挥交涉能力等方面所显现的影响，充

---

① 《新加坡晋江会馆会议记录》，1985年11月5日。

② 《晋总十年》，第40－41页。

③ 《新加坡晋江会馆会议记录》，1985年4月30日、1988年7月13日、1993年6月29日。

④ 参见《晋总十年》。

⑤ 相关研究如朱英、郑成林、魏文享：《南洋中华商会研究：回顾与思考》，《华中师范大学学报（人文社会科学版）》2013年第3期；刘宏、张慧梅、范昕：《东南亚跨界华商组织与“一带一路”战略的建构和实施》，《南洋问题研究》2016年第4期。

⑥ 菲华商联总会并不是纯粹的海外晋江籍移民组织。在商总历任的18位理事长中，有14位祖籍皆是晋江，而且菲律宾华人社会本身又是以晋江籍人士为主，因此，将商总并入海外晋江人团体之列，当不为过。

⑦ 黄汉：《菲商总访华掀热潮》，《纵横》1997年2月，第45－51页；朱东芹：《菲华商联总会（商总）发展史研究——兼论战后菲华社会的冲突与融合》，厦门大学博士学位论文，2003年，第116页。

分展现了商会对于跨国商业联系的活力，为海外晋江人建构跨国商业网络提供了一个优质公开的制度性平台。

以上从网络的建构空间、形态与机制三方面显示了地方性认同与跨国商业网络交错的关系图景。海外晋江籍移民作为典型的地缘华人商业群体，再次彰显了“全球”与“地方”二者之间的辩证关系与内在逻辑。

四、有形与无形：跨国商业网络的建构模式

以往分析网络的建构模式，多注重有形物质的交流与互动，如人口、货物、资金等，而忽略了诸如信息、观念等无形介质的流动与传播。这一部分则讨论有形的人事和资金网络，也会关注无形的信息网络。

（一）人事网络

人事网络是海外投资者在祖籍地开展商业活动的过程中与当地人员建立的长期互动的人际关系，以促进投资活动的顺利开展。根据网络对象，可划分为民间网络和具有官方色彩的网络。

民间网络指个体之间所建立的长期互动的私人关系。分析海外晋江人在投资活动中的人事网络，让我们以晋江西滨的跃进村为例。西滨是晋江地区有名的侨乡，在乡人口约有 12 000 人，而居住于海外的乡侨则达到 40 000 人。改革开放后，西滨借助侨资，较快地实现了从农业村到工业村的转化。其中，跃进村是发展快变化大的典型村落，1980 年全村人均收入才 200 元，到 1997 年已达到 8 800 元。通过对这种经济增长和社会结构的关系调查，显示了来自海外社会的人际支持网络对于该村经济发展的重要性。在对父母、孩子、邻里、亲戚、朋友等 10 种人际关系类型的考察中，国内和海外的朋友关系、兄弟姐妹关系、亲戚关系是其中最为重要的网络类型。① 这说明作为一个主要借助侨属乡镇企业而繁荣起来的乡村，居于海外的亲属和朋友无疑成为人际网络中最为重要的建构资源，从中也进一步反映了建立在血缘和地缘基础上的家族和私人关系构成了海外晋江人商业活动中的主要民间人事网络。

具有官方色彩的网络是指投资者在商业活动中与地方政府官员建立了长期的互动与联系，这是随着地方政府与海外移民社会之间双向联系的加强而产生的。菲华企业家 CYT 的事例显示了这一网络对其事业发展的重要性和必要性。CYT 担任多家菲华社团的领导职务，通过接待家乡政府官员来访或组织社团回乡访问等活动，CYT 与家乡政府官员建立了稳定密切的联系。20 世纪 80、90 年代，他在家乡成功投资两家冰冻厂。对此，他明确表示：“选择在晋江投资，主要在于我在家乡一带人事很熟。虽然我做的是正当生意，主要靠政策，但碰到问题时还

---

① 陆学艺、朱明主编：《从贫穷到富裕：晋江的现代化之路》，社会科学文献出版社，2000 年，第 273 – 290 页。

是要靠关系。我长期做海内外华人之间的联系工作，经常与政府打交道。在家乡，从市长到多个部门的局长与我都有来往，即使碰到困难，也基本上都能很快解决。”①从中可以看出，此类网络建立的动力是双向的：投资者需要地方官员的支持，后者也需要以招商引资为业绩。CYT 将与祖籍地政府官员原已建构的人事关系成功地转化为社会资本，运用到自己的商业发展中，这不仅保证了其在家乡投资事业的顺利进行，而且也进一步维持和强化了二者之间的人事网络。

（二）信息网络

信息网络指的是商业讯息在海外晋江人与祖籍地之间的双向传递与互动，这里以海外移民如何获取家乡商业信息为主要侧重点。促进商业信息的流动与传播是社会网络实现社会资本化的主要体现之一。根据获取信息路径的不同，海外晋江人的信息网络可划分为民间渠道和官方渠道两种类型。

民间渠道由多种途径组成，家乡的报纸、乡讯以及亲属、朋友等都可成为海外投资者获取信息的主要来源。历史上，晋江的侨报一直是这种沟通机制的主要体现，如 20 世纪 30、40 年代的《民生报》和《湾海新报》，但当时侨报的内容多以地方新闻报道为主，鲜少涉及商业内容。改革开放后，侨报的信息桥梁作用继续发挥，但是其报道的信息开始以经济商业为侧重点。1982 年复刊后的《晋江乡讯》（1959 年创办），以报道改革开放后晋江经济建设的显著变化为主要内容，每期刊印后，均分发到不同国家的晋江移民社区。从乡讯中获悉家乡最新经济动态，是推动海外晋江人回乡进行商业活动的主要信息来源之一。

此外，家乡的亲属和朋友则在信息网络中扮演了“通报者”的角色。新加坡商人 HJZ 90 年代回晋江投资的想法即最早源自其家乡亲属 HYQ 的建议。HYQ 于 1986 年来新加坡探亲，在闲谈中把家乡的一些经济变化和政策介绍给了 HJZ。② 正是此次谈话后，HJZ 才开始逐渐关注中国发展并最终有了回乡投资的行动。此类事例在笔者于海外晋江人的调查中不在少数。

相比于民间信息传递的私人性和随机性，官方渠道的信息网络更具公开性和正规性。公开性体现在海外投资者可借助组织经济考察团、与政府官员举行座谈等来获取商业讯息。这一方式多是通过华人社团或商会组织来完成的，如菲律宾晋江同乡总会和菲华商联总会在 20 世纪 90 年代多次组织会员前往家乡进行经济考察，通过政府渠道了解投资信息。正规性表现在具有明确投资意向的海外投资者借助官方的调查和报告，来了解商业信息。1990 年晋江政府组织经济考察团到菲律宾华社进行考察，期间一些乡侨企业家明确希望借助官方渠道来收集商业信息，如 DSZ 拟在晋江投资兴办圣诞灯厂，请政府考察团帮找现成的厂房；CZC 在晋江拟办啤酒（瓶）盖厂，SZY 拟在家乡办再生革厂，均要求政府相关部门帮

① CYT 访谈录，2005 年 3 月 16 日，马尼拉。

② HYQ 访谈录，2006 年 4 月 19 日，晋江。

助了解国内市场状况等。[①] 总之，官方与民间两个渠道相互补充，共同构建了海外晋江人的商业信息网络。

（三）资金网络

资金网络主要指海外晋江人的商业资金在海外与家乡之间的输出与流动。历史上，侨汇是主要表现形式。1889 年至 1949 年间，海外晋江人以侨汇为主要途径在家乡的工业、金融、商业等领域投资 500 多万元，[②] 即使在 1949 年后的网络受阻时期，一个由中国福建、香港、台湾以及菲律宾建构的四角网络却在此时形成，“除福建和台湾之间人员、资金、货物以及文化之间的直接交流不可能实现外，其他三点之间的联系是现实存在的，并且彼此之间相互连接。汇款与投资从马尼拉和香港北上，到达福建”[③]。改革开放后，海外晋江人寄往家乡的侨汇则达到每年上百万元甚至上千万元（见下表），构成了一个颇为庞大的资金网络。

晋江县 1979—1996 年解付侨汇情况表[④]

（单位：万元）

年度	金额	年度	金额	年度	金额
1979	3 776	1985	340	1991	313
1980	2 479	1986	427	1992	185. 1
1981	1 570	1987	811	1993	
1982	2 123	1988	122	1994	179
1983	1 752	1989	95	1995	104. 5
1984	805	1990	186. 1	1996	164. 2

90 年代后，随着中国投资环境的不断改善，海外晋江人不再将资金以侨汇形式寄给侨眷，而代之以对家乡的直接投资。资金的直线流动成为海外移民与祖籍地之间商业网络的主要形式之一，并渐趋繁盛。以被统计的侨资企业数为例，1991 年仅成立 1 000 多家，1993 年新成立 3 700 多家，1994 年新成立 6 000 家，

① 晋江市档案馆：《晋江县经济考察团赴菲律宾考察情况报告》，1990 年（档案编号：33 - 43 - 2）。

② 参见《1949 年前海外晋江人投资情况表》，吴泰主编：《晋江华侨志》，上海人民出版社，1994 年，第 96 页。

③ Edgar Wickberg，“Hokkien - Philippines Familial Transnationalism，1949 - 1975”，in Maria N. Ng and Philip Holden eds.，*Reading Chinese Transnationalism*：*Society*，*Literature*，*Film*，Hongkong University Press，2006. p. 24.

④ 转引自沈燕清：《归侨、侨眷与晋江乡镇企业》，庄国土主编：《中国侨乡研究》，厦门大学出版社，2000 年，第 176 页。

数目近乎以倍数增长。[①]

上述研究表明，无形的信息网络与有形的人事网络和资金网络，三者相互辅助，彼此关联，信息网络以人事网络为载体，并以资金网络为最终表现形式，共同构筑了海外晋江人与祖籍地以及国家、市场之间的跨国商业网络。

五、结论

“全球化以普遍消除资本的区域性为特征，正在使资本重新组合。‘流动空间’正取代‘地域空间’，换言之，地域正被网络取代，而网络不再对应于某一具体区域，而是被纳入世界市场内，不受任何国家的政治限制。”[②] 华商组织在长期的跨国商业活动中所建立和逐渐完善的机制充分发挥了其跨国功能，通过世界华商大会和世界华商网络等机制，推动了海外华商的全球化。[③] 20 世纪后期海外晋江籍移民的跨国商业网络正凸显了这一特征。

共同的认同意识下所凝结的纽带是网络建构的关键要素之一。地方性认同作为群体认同之一，对于海外华人社会的影响是不言而喻的。它表面上附着于特定的地理区域，实质上则以地方文化为最终的依归点。20 世纪后期海外晋江人在祖籍地建构的跨国商业网络乃是基于共同的血缘、地缘、方言等地方文化资源而建构的联系，本质上，它是一种网络与文化的互动，是“儒家伦理这一华人企业精神内核的外化”[④]，而其核心要素是由地方性认同发展而来的“信任”。信任是“在一个社团中，成员对彼此常态、诚实、合作行为的期待，基础是社团成员共同拥有的规范以及个体隶属于那个社团的角色。这里所指的规范可能是深层的价值观，也可能包含世俗的规范”[⑤]。当海外华人将基于地缘、血缘、方言等因素产生的信任运用到商业网络的建构时，也就实现了地方性认同资源向社会资本的转化。

此外，地方性认同在个人层面所表现出来的灵活性决定了商业网络的特征。在个人层面，“认同具有多重性，且通常是情景性的。……我们往往根据场景和情景的不同，相对自主地在这些认同之间游移”[⑥]。这一特点导致了晋江籍华人

---

① 龙登高、赵亮、丁骞：《海外华商投资中国大陆：阶段性特征与发展趋势》，《华侨华人历史研究》2008 年第 2 期。

② 阿兰·伯努瓦：《面向全球化》，王利、杨雪冬编译：《全球化与世界》，中央编译出版社，1998 年，第 6 页。

③ 刘宏、张慧梅、范昕：《东南亚跨界华商组织与“一带一路”战略的建构和实施》，《南洋问题研究》2016 年第 4 期，第 9 页。

④ 陈衍德：《现代中的传统——菲律宾华人社会研究》，厦门大学出版社，1998 年，第 152 页。

⑤ 法兰西斯·福山著，李婉容译：《信任——社会道德与繁荣的创造》，远方出版社，1998 年，第 34 页。

⑥ 安东尼·D. 史密斯著，龚维斌、良警宇译：《全球化时代的民族与民族主义》，中央编译出版社，2002 年，第 147－148 页。

商业网络的多重性和情景性。

最后，跨国商业网络是全球化进程中个人与国家、地方和市场之间密切互动的产物。在全球愈发一体化的今天，“被垂直纵向统合到民族国家中的地方特征和地方自主性随着全球化过程迅速复苏”[①]，跨国网络通过地方性协调了市场与国家互动的缺失，再次凸显了“全球本土化”（globalization）的特征。社会文化资源被整合进全球化与地方化互动的新场景，进一步强化了这种网络的建构和扩张。

---

① 刘宏：《跨界亚洲的理念与实践——中国模式·华人网络·国际关系》，南京大学出版社，2013年，第12页。

圣保罗华人：个案研究*

石峻山（Josh Stenberg）

【摘　要】圣保罗是巴西最大的城市，也是华人在拉丁美洲最大的家园之一，华人的人数仅次于秘鲁首都利马。本文简要描述了圣保罗华侨华人社会的历史与现状，并将关注的焦点放在当代来自中国大陆的新移民。此项研究的田野调查工作自2011年3月开始，一直持续至当年6月份。研究的成果主要是根据田野调查中所搜集到的巴西人、华人和中巴混血儿的访谈记录，同时借鉴了现存的巴西学者、中国学者和国际学术界对此课题的研究成果，辅之以巴西和中国两方面对此问题的新闻报道和网络资料。为了保护受访者的个人隐私，本文均采用化名来处理相关人名。

【关键词】拉美华人；巴西华人；向巴西的移民；巴西种族；圣保罗历史

一、发轫时期

尽管已证实早在1812年或1814年已有华人移民前往巴西，而且，在19世纪后期，巴西国内政坛曾发生过有关引进大量华人以补充巴西劳工短缺状况的激烈争辩（Conrad，1975）①，但是，在19世纪时，巴西境内的华人数量是极其有限的（Leite，1999b；Shu，2009）。直至19世纪40年代，并没有大量中国移民获准进入巴西，仅有微不足道的少数华人迁入巴西。官方数据显示，整个19世纪仅有约3 000名华人移民进入巴西。当然，与此同时肯定还有部分华人是从非官方的渠道进入了巴西（Leite，1999a）。这股移民之涓涓细流主要分布在了累西腓（Recife）、圣保罗（São Paulo）、阿雷格里港（Porto Alegre）和里约热内卢

* 作者：石峻山（Josh Stenberg），加拿大籍学者，南京大学讲师。译者：莫光木，暨南大学华侨华人研究院讲师；审校：钱江。

① 莱特（Leite）搜集整理了有关最早一批巴西华人移民的相关资料，其中的一份资料是外国人登记处收藏的华人个人名册。1812—1842年，有53名华人移民（及其未登记姓名的眷属）在巴西登记在册。显然，这批华人移民在离开了茶叶种植园后，大多数人都获得了小商贩的执照。其中有4个人保留了他们的中文名，舒（Shu）猜测这几位是茶叶种植园的主人，而其他人则是苦力。1812年，300名中国苦力从湖北抵达巴西，在里约热内卢热带植物园的一个茶园里工作。就像非洲奴隶那样，苦力们都有葡萄牙语的名字。另外一份资料来自里约热内卢国家图书馆。这是一份1819年由51名华人签名的请愿书，请求葡萄牙国王若奥六世（João Ⅵ）为他们的官司指派一名口译员。

（Rio de Janeiro）等城市。例如，作为巴西华人主要来源地之一的浙江青田有相关记载显示，整个 19 世纪 20 年代仅有 90 名青田移民迁入巴西，其中 15 名住在圣保罗（Fausto，2009：219；Shu，2009）。

1938 年，在狂欢节之后的那个星期三，一家华人餐馆的老板遭恐怖谋杀，引发了圣保罗媒体铺天盖地的新闻报道。根据法庭上作证时的供词，当时圣保罗仍然只有“几十个”华人（Fausto，2009：97）。这个规模甚小的族群很快就接受了天主教，且与异族通婚的比例很高。甚至发生谋杀案的这家中餐馆的员工也绝大多数不是中国人。①

在当今圣保罗这个错综复杂的族群社会内，几乎找不到任何有关早期华人移民历史的资料，无论是在制度化的有系统的记录中，还是在一般性的读物中，均无处可寻。圣保罗华人当中，极少有人可以将自己的先辈移居巴西的历史追溯至 20 世纪 70 年代之前。绝大部分早期的中巴混血儿早已通过异族通婚等途径被同化，融入了当地社会。

通过文化适应和异族通婚，看似大多数中巴混血儿已很广泛地融入了当地普通民众。我曾与圣保罗的一位建筑学教授共进午餐。在午餐快结束时，我偶尔提及自己的研究，他告诉我，他的曾祖父是一位华人。这次经历使我对早期华人已被同化这一事实更加深信不疑。这位建筑学教授拿不出照片，说不出相关的故事，也无法提供更多其他的资料，他只知道自己曾祖父的名字叫曼诺尔·弗朗西斯科·多斯·桑托斯（Manoel dos Santos），可能是一名种植茶叶的华工。②在异族通婚具有悠久历史的巴西社会，无疑成千上万的人具有华人的血统，只不过他们自己只是隐约地意识到这一点，或者根本就不知道。

当这些距今遥远且绝大部分已消失了的早期华人移民退出了历史舞台之后，当代华人移民才开始登场。这些当代的华人移民族群是很容易辨认的，而且基本

---

① 有关 19 世纪 30 年代圣保罗华人人口的概况，以及华人在当地社会中的形象和社会地位，可参阅博勒斯·福斯托（Boris Fausto）的著作《华人餐馆的罪行》（*O Crime do Restaurante Chinês*）。在其他的资料中，他引用了 *Sambas* 和劳雷诺兄弟（Laureano Brothers）的 *Moda de Viola* 这两本书中有关华人的记述。福斯托此书的书名也是来自于后者的这本书。至于巴西人对里约热内卢华人社区的看法，可参阅 Joao do Rio 在 1905 年发表的文章（*Visões d'opio. Os Chins no Rio*），这篇文章收在圣保罗文化公司 1997 年出版的 *A Alma Encantadora das Ruas* 一书中，后来也以节选的方式收入了《华人餐馆的罪行》一书。对研究其他华人移民社区的学者来说，或许有兴趣知道，华人餐馆老板傅满楚（Fu Manchu，音译）和陈查理（Charlie Chan）对巴西人如何看待当地的华人族群居然颇有影响。福斯托对圣保罗种族的多元性做了相当生动的描述，例如：这家中餐馆的其他雇员实际上由巴西黑人和立陶宛人组成。

② 事实上，曼诺尔·弗朗西斯科·多斯·桑托斯（Manoel Francisco dos Santos）的名字曾出现在莱特著作（1999b）所记载的早期华人移民的名单上。然而，这样的名字太平常不过了，无法将之与某人确切地关联起来。巴西人所知道的早期华人移民似乎无一例外地都使用当地人的名字，彼此之间没有区别。

上都是1949年以后才迁徙到巴西。[①]在这短暂的时期内，至少有三波明显的华人移民潮。本文力图对当今圣保罗的各华人群体做一个宏观的概述。

二、1949年后的移民

在国民党失败倒台的短短几年内，一批中国移民从大陆前往巴西，在研究论著和新闻报道中，这批移民通常被描述为来自上海的富裕的实业家。据称，他们中有些人甚至将面粉厂和卷烟厂的整套设备都一起运到了巴西。一位访谈者提及，他家的一个朋友原为国民党官员，在上海与一位犹太女人结了婚，退休之后在圣保罗过着休闲舒适的生活，与当地华人社会基本不来往。大多数杰出的巴西华人，如面粉大王毕志达（Lawrence Pih，出生于1942年）、名模玉凤（Christine Yufon，音译）（20世纪20年代出生）都是随着这一波移民潮抵达圣保罗的（Veja，1986）。很显然，当时的这个华人移民群体多为富人，且彼此关系密切，他们在圣保罗形成了第一个华人社会，然其人数非常有限。

从那之后，直至1974年巴西承认中华人民共和国为止，中国人移民巴西变得非常困难。

20世纪60年代末期之后，圣保罗开始接纳了一些来自台湾的中产阶级移民（Yu，2008），另有一小部分移民则来自香港。以往的研究和接受我访谈的台湾朋友均证实，这部分华人之移民巴西主要是受到经济动机的驱使，他们有意要经商，并大多在经营进出口企业。具体的个案包括一位中医师（Yu，2008：22）、一位面粉厂老板和一名木匠。这个华人移民群体的第二代大多出生于20世纪70年代和80年代，他们在巴西接受大学教育，现在大多数人在从事医生、律师和商人等职业。早期移民巴西的华人数量非常少，当前来自中国大陆的移民刚刚站住脚，所以，这批台湾移民的孩子如今成为当地最大规模的带有中国和巴西双重文化特征的第二代移民群体。于先生的研究和我自己的田野调查均表明，海外华人移民大多要经历一个过程，研究美洲新大陆其他地方华人族群的学者们对此一定很熟悉，即老一代移民在文化传统方面比较保守，中生代移民游走于两种社会文化之间，青年一代则更倾向于认同巴西当地社会。

通过家庭移民链，来自浙江的劳工阶层早在19世纪就已开始向巴西移民，而且从来就没有完全停止。最近的这一波移民潮实际上开始于20世纪90年代初

---

① 此处似乎可以顺带提及中国著名的画家张大千。从1954年到1971年，张大千曾居住在圣保罗的摩基达斯克鲁塞斯（Mogi das Cruzes），并在当地建造了自己的别墅“八德院”。关于张大千在巴西寓居期间的记述，可参阅作家、翻译家兼外交官的黄志良（他在19世纪80年代末曾担任中国驻圣保罗的总领事）的著作。黄志良还促成了圣保罗和上海结为姐妹城市。1963年，张大千与两个四川老乡一起，曾试图将巴西猪鬃毛销往美国来制作画笔，有关此事的来龙去脉，可参阅斯舜威发表于2011年的文章。张大千的这次尝试以失败告终，因为美国海关官员怀疑猪鬃毛来自中国，而当时美国政府正在对中国大陆实施禁运。等到美国领事馆官员调查清楚，确认这批进口产品合法时，美国的市场已经转向使用塑料制品了。

期，大部分移民来自浙江、广东和福建这三个省份。这部分移民的第二代还非常小，而大人们绝大多数在经营小生意。这个移民群体的所有受访者均表示，其移民海外的目标是想在巴西多赚些钱，将来可以给孩子们提供更好的生活。绝大多数人认为他们自己是彻头彻尾的中国人，但他们拥有巴西的永久居留权，只有极个别人表示想回中国。看来绝大多数来到巴西的中国人都准备在此落地生根，没有几个人是希望短暂居留的。受访者表示，他们每一年到每三年会回家一次，先飞到约翰内斯堡、迪拜或者新西兰中转。部分单身人士（男性和女性皆有）利用返乡探亲的机会在家乡寻找配偶，然后将其带回巴西。尽管大部分中国新移民平时生活比较低调，但声名远播，他们在访谈中的讲述均表明在生意上做得很成功。从数位受访者的情况来看，他们在圣保罗为自己的孩子安排了很好的学校来接受教育。在圣保罗，人们普遍认为，只有进入这些私立学校接受教育，未来才能成为富豪或专业人士。数名 20 来岁或者年纪更轻的巴西中产阶级家庭的受访者对我说，他们班上的华人学生（他们中的部分人是早期移民模式的典范）虽然人数不多，却个个成绩优异，以高分著称。

如今，前往巴西的中国移民主要是通过家族的纽带，而且大多数在从事中国商品的销售。第二代或第三代华人移民的人数不是很多，大部分人已经接受了巴西和中国的双重身份。一般来说，巴西社会对这些年轻的华人子女既不排斥，也没有什么特别的兴趣。近年来，随着“金砖五国”（巴西、俄罗斯、印度、中国、南非）的加速发展，中、巴两国之间的联系纽带日益紧密，巴西华人开始扮演着十分重要的角色。大批巴西华人或在中国的巴西公司工作，或在巴西的华人公司里谋职。

第一代华人移民在经济上的成功令人们开始重视私立学校的教育（中学教育，有时也包括大学）。若欲晋身巴西的专业人士阶层，这几乎是一条必由之路。与此同时，华人移民还必须保持与中国的联系（更明确地说，是要保持与中国官方的联系），并成功地融入巴西当地社会的中产阶级和富人阶层。这就意味着第二代华人移民与当地巴西人通婚的比例相当高，随处可见。有意思的是，如果说这算得上是趣闻的话，那就是，所有受访的华人和巴西人均表示，华人与巴西人通婚的比例远远高于日本人与巴西人的通婚比例。①圣保罗与巴西的其他地方似乎正处于一个不太起眼但又持续不断的链式移民的过程之中，恰如历史上来自欧洲和日本的老移民已融入巴西一样，绝大部分早期华人移民的后代正在逐渐地融入巴西当地社会。

---

① 这里有两点需要说明：第一，就异族通婚而言，基本上是没有性别歧视的。例如，一个中巴混血姑娘嫁给异族和一个中巴混血男青年与异族姑娘结婚的情况同样常见，这种趋势在亚洲和北美洲都可见到。第二，与北美的情况不同，没有多少证据可以证明当地存在着亚裔巴西人的身份认同，也没有将华人、日本人或韩国人联合在一起的组织。虽然巴西华人讨厌自己被外人误认为是在当地人数更多的日本人，但在不同的亚裔族群内部，彼此之间并无特别的怨恨。

三、现今华人人数

1986年，一份报纸撰文估计圣保罗的华人人数为80 000。与此同时，一名中国外交官评论说，25年前，在圣保罗的华人只能坐满两张桌子（*Veja São Paulo*, 1986）。1996年，一份中国出版的杂志援引《巴西侨报》①负责人的原话："巴西华人究竟有多少，没有确切的统计数据。有人说，为150 000到180 000人。两年前，人们估计超过了120 000人，我们估计，不超过150 000人。"（杨继绳，1996：41）2009年，一位中巴混血的学者指出，中国驻里约热内卢总领事馆估计，圣保罗的华人人数达到140 000，另有7 000人住在里约热内卢，3 000人在库里提巴（Curitiba）。台湾"侨委会"将巴西列为海外华侨华人的第19大聚居地，在拉丁美洲位居第2位，2005年时共有151 649名华侨华人，每年的增长幅度为1.39%。其他学者估计，目前巴西的华人总人口为200 000～250 000。其中，80%聚居在市区，这其中又有90%居住在圣保罗州（林良旗，2006；谢铃生，2006；Shu，2009；Landim，2010）。

之所以无法准确地统计巴西华人的数量，主要是因为存在着大量非法移民。尽管警方采取行动打击了非法移民进入巴西的通道，可非法移民潮仍在继续。据新闻报道，非法移民取道玻利维亚进入巴西，不过，受访者补充说，非法移民有时也从巴拉圭入境。巴西政府曾经在1988年、1998年和2009年对非法移民进行过三次大赦。②当地的华文报社为中国非法移民提供必要的法律服务，以便他们可以利用大赦的机会改变身份，继而将自己的家属带来巴西。无论是合法的移民还是非法的移民，都在源源不断地涌入巴西。而且，所有的受访者都认为，这股

---

① 《巴西侨报》（1960—1985）的全称是 *Jornal Chinês para o Brasil*。《巴西侨报》的创办者是王之一，1985年，李海安（1921年出生于广东梅县，1946年在美国学习，20世纪50年代移民巴西，2011年4月去世）接手后，改名为"巴西华侨日报"（*Diário Jornal Chinês do Brasil*），1989年停刊。1992年4月以"巴西侨报"的原名复刊，直至1999年9月更名为"南美侨报"（*Jornal Chinês para a América do Sul*）。1977年之前，该报刊为周刊，此后改为一周出版三次，自启用"南美侨报"的名字后，每周出版五次。

② 大赦不仅仅是针对来自中国的非法移民，也适用于来自其他国家的非法移民，大部分为周边国家的非法移民。然而，Shoji（2004：77）指出，在1998年的大赦中，有9 229名中国非法移民获得特赦，人数远超来自其他任何国家的非法移民。许多受访者也表示，在最近的大赦中，获得大赦的中国非法移民的数量仍然最多。在此，应该提及一位当地最著名的政坛人士吴威廉（William Boss Woo）（1968年生），正是他推动了这次大赦。吴威廉的父亲是中国人，母亲是日本人，自己则娶了一位韩国人为妻，他不断地标榜自己是亚裔巴西人的政治代言人。在市政局工作了数年之后，2006年，他代表卢拉（Lula）的社会主义人民党（Partido Popular Socialista）成功地从市议员转型，当选为巴西联邦众议院议员。然而，在2010年的连任竞选中他却铩羽而归。数位华人受访者表示选举了他。在其个人官方网站（www.deputadowilliamwoo.com.br）上，他的个人履历表显示，他不仅具有多种身份认同的移民家庭的背景，曾多次出访亚洲，在亚裔社区担任某些重要的职位，而且他身上还具有巴西人的某些特征，譬如"在15岁时就开始尝试并迷上了冲浪"。此外，为了回应亚裔族群对犯罪率高企不下的国家里人身安全问题之担忧，他还提出了各种打击犯罪活动的建议。在其个人官方网站上，有一段话中对自己的身份认同做了总结："巴西最伟大的遗产是巴西人。我们是多元种族、多元宗教和多元文化的国家。我们的国家堪称是全人类的典范。"

移民潮并没有表现出大起大落的迹象。更确切地说，今天，来自中国大陆的新移民是一个多层次的、不断更新的和扩大着的群体，他们的经济状况逐渐改善，社会地位稳步上升。

四、商业和经济活动

现有的几部有关巴西早期中国移民的著述均提到，当时他们多以流动商贩为业，当然并不主要是在圣保罗（Shu，2009）。一位20世纪初老移民的后代在接受访谈时指出，当时的华人移民都在与印染业相关的行业里工作。巴西早期的幽默喜剧电影中常常出现华人洗染工人的形象，在某种程度上证实了受访者所言不虚（Costa，1995：21）。[①]早期华人移民所从事的这些经济活动与20世纪中期以来上海移民以及接踵而至的台湾移民似乎不太一样。

今天来到巴西的绝大多数中国移民基本无一技之长，手头也没有资金，能说得出口的移民动机亦仅仅是基本的经济方面的需求。有些人说，他们在家乡找不到工作。不过，几乎所有的中国移民与巴西当地已定居的华人都有某种关系，或是直系亲属，或是虚拟的家庭成员。他们中的大多数人是小商贩，包括那些售卖假冒名牌商品的移民。在圣保罗，人们普遍认为，当地的华人社区主要就是经营假冒名牌商品的买卖。至于其他的人，则在中餐馆、杂货店、理发店和美容院里打工、当管理人员，或自己就是老板。

华文报纸上刊登的形形色色的广告让人们看到了华人社区的市场需求、不同的口味，以及一个经济上多姿多彩的华人社区的不同行业。服务性行业和企业的广告包括：韩式美容院、以中文教授的驾校、牙医、中医和西医、葡萄牙语课程、会计师、旅行社、电脑维修服务、针灸、进口中国女性内衣裤和海鲜。其他几则吸引人眼球的广告则是为华人公司或巴西人的公司提供在巴西海关办理报关业务手续的。招聘广告的范围从女按摩师、快餐店服务员到白领职员，不一而足。其中的一则广告是这样的："招聘：看店女员工，工资不高，必须懂一点葡语。"另外一则广告写道："招聘：美发师（长期聘用），高薪，包食宿。"还有一则广告写道："中国大公司招聘翻译人员，需具备以下条件：精通葡语和中文，口语、笔译俱佳；同时通晓英语者优先考虑；年龄在25岁至40岁之间；男女均可；具备巴西的合法居留身份……薪酬丰厚；请投中葡文简历各一份。"

---

① 在巴西的喜剧电影中，华人洗染工是以受害者的形象出现的。科斯塔指出："喜剧里总是包含着某种恶意。喜剧中会出现许多受害者……诸如恋人、警察、厨师、流浪汉、中国洗染工、食品杂货商等。喜剧通常以冷嘲热讽地手法来表现人们与权贵阶层和通行的道德观念之间的关系。在喜剧里，往往可以见到背信弃义的现象，而腐败则是被人们嘲讽的对象，种族和某些专业的僵化形象被夸大地加以表现。"应该指出的是，在葡语的语境中，洗染和干洗是两个彼此关联的行业，所以，这两个行业在葡语中均称为tinturaria（印染）。因此，就北美华人经济史以及那些对北美华人带有偏见的描述而言，巴西华人与北美华人之间或许存在着某种联系。

与此同时，诸如中石化、中国化工进出口公司、中国国家电网、武汉钢铁集团等公司在巴西也有巨大的投资，因此亦会带来少量的商业移民。2011 年的一篇新闻报道提到，根据中国—巴西商务委员会（Conselho Empresarial Brasil – China）发布的资料，据估计，中国在巴西的私人投资比例仅为 1%，在 126.9 亿美元的投资总额中，绝大多数是来自中国央企（93%）或地方省、市政府企业（6%）的投资。而且，这方面的投资大多数是企业并购与重组，仅有 15.1 亿美元属于基础设施的项目投资（Estadão，2011）。虽说投资额巨大，可是，就此节点而言，中国与巴西之间的大规模贸易往来对巴西城镇移民的模式几乎毫无影响。我在当地做田野调查研究时，也找不到大规模的投资会带来劳工移民的痕迹，二者之间没有关联。

然而，中巴两国关系的日益密切，带来的后果之一便是为在巴西出生的华人提供了一条横跨太平洋的职业道路。这批华人凭借着自己在语言方面的熟练技能，成为沟通中巴两国之宝贵的桥梁。数位受到过良好教育且已融入主流社会的受访者说，他们的家庭成员正在圣保罗和上海两地的巴西企业内工作，寻求与中国做生意。有一位受访者告诉我，当他意识到语言越来越重要之后，他开始重新复习快忘光了的普通话。受访者们还表示，过去这 20 年中国经济飞速增长，在政治上的影响力越来越大，华人在巴西人眼里的地位大大提高，中国移民群体中的族群认同感也越来越强。

五、社区生活

在圣保罗市中心，有两个街区与华人新移民的关系很密切，当然，这两个街区同时还保持着与早期老移民群体之间的联系。绝大多数华人新移民在这两个街区生活和工作，而那些人数较少但比较富裕的老移民则大部分居住在中上阶层人士聚居的区域。这种格局与其说是反映了族群的身份认同，还不如说是更多地反映出移民群体在经济和社会地位上的分层。

首先是自由街（Liberdade），那里有好多同乡会的会所，华人商铺林立。建于 1994 年的观音庙是当地华人聚会碰头的重要地点。①事实上，自由街是历史上巴西日本移民社区的家园，街区内有着不少显著的日本文化特征，例如，地铁站里展示着日裔巴西艺人的作品、日本移民博物馆及大量的“日式”建筑。然而，作为一个历史悠久且大多数为中产阶级的少数移民族群，大部分日本人早已迁离这个街区，散居在这个城市的各个角落，自由街成了日式文化的象征和旅游中心。如今，在这个街区，无论是在商业活动还是日常生活方面，处处皆可见到华人的影子，日本人的影响只在举办纪念活动时才能感受得到，更主要的影响体现

① Shoji（2004：79）指出，与其他地方的佛教寺院不同，这个观音庙更靠近华人少数族群社区，但一般来说该寺庙与华人社区之间相互影响不大。

在日式料理餐饮方面。从 2006 年开始，自由街每年都主办春节巡游，证明华人的社团组织在圣保罗已经成熟。一份报道指出，自由街是“圣保罗州府华人与日本人传统文化的最后堡垒”。该报道还提及，2009 年参加新春游行的人数达到了 20 万（UOL，2010）。

然而，但凡提及华人社区，绝大多数的圣保罗居民还是会将之与 3 月 25 日街（Rua 25 de Março）联系在一起。很早之前这个街区就是圣保罗的商业区，是阿拉伯移民在该城的老巢。在这个多元文化的街区（Estadão 2010 年刊载的一篇报道称之为“操用不同语言的消费者之通天塔”），①廉价服装、配饰、盗版光碟、电子产品琳琅满目，小商铺和室内市场鳞次栉比。消费者们一般认为这些都是假冒伪劣产品，巴西当局似乎亦深以为然。有两回，我目睹警察没收这些商品，沮丧的华人小贩束手无策地站在警方的警戒线之外等待。②市场内的许多摊位陈列着相似的商品，此情景让人联想到中国许多城市的自由市场和摊贩。访谈中，3 月 25 日街的华人商户纷纷抱怨，大吐苦水，例如：警察的盘查和腐败行为，与当地海关及巴西担保人打交道十分困难，盗窃现象层出不穷，官僚主义习气严重，烦恼不断，缺乏人身保障等。与此同时，很多华人小商贩表示，在此地谋生比在中国容易，他们最常提到的原因是巴西人不像中国人这样努力地工作，所以在巴西获得成功相对较为容易。

建于 1980 年的巴西华人协会（Associação Chinesa do Brasil）下辖 15 个会员组织，包括同乡会、和平统一促进会、经济发展组织、青年团体等。巴西华人协会对自身的政治定位是“爱国华人社团”，所以不可能吸纳某些社团，或许也潜在地排斥那些 1949 年随着移民潮来巴西的中国移民。后者可能与圣保罗中华会馆（Centro Social Chinês de São Paulo）走得较近。据说，圣保罗中华会馆曾经一度与台北方面的关系十分密切（Veja，1986）。

圣保罗有许多不同的华文学校，主要是为了教授巴西年青一代的华人学习普通话。据这些学校的毕业生反映，在“台湾问题”上，不同时期移民到巴西的教师、行政人员和学生家长之间的看法都不同，关系较为紧张。当然，并非所有在巴西定居的台湾人都是反共的。一名台湾商人就曾发表一篇热情洋溢的文章，

---

① 通天塔（Tower of Babel），又译为巴别塔或巴比伦塔，取自于希伯来圣经《创世纪篇》第 11 章中的一个故事，形容人类在一座高耸入云的高塔内说着彼此不懂的各种语言。（审校者注）

② 3 月 25 日街成为警方及打击走私活动的执法行动之目标已有一段时间了。该街区的中心人物为香港出生的巴西公民刘建中（Law King Chong）。刘是 3 月 25 日街区购物中心的老板，是此地区华人经济活动的典型代表。警方曾多次突击搜查此购物中心，刘建中本人也曾多次被当局起诉涉嫌贿赂联邦国会议员。他可能是最杰出的巴西华人，不幸的是，也因此被巴西警方（及一般民众）看作“走私巨贾”和“这个国家最大的走私分子”。不久前，巴西联邦最高上诉庭在其法庭文摘中指控刘为“贩卖假冒伪劣产品的国际黑手党的首领”。该文摘报告指出，2004 年警方在一次突袭行动中，仅在其中一处地方就收缴了价值 300 万里亚尔（real，巴西货币）的冒牌手表和价值 1 亿里亚尔的货物（Superior Tribunal da Justiça，2011）。

详细记述了 2004 年中国国家领导人胡锦涛对南美的访问，以及在此期间他与胡锦涛的私人会晤（雷滨，2005）。

形形色色的同乡会可以让人们从其名称看出大部分移民的来源地，例如青田［巴西青田同乡总会（Associação Geral de Qingtian do Brasil），建于 1994 年］、温州［巴西温州同乡会（Associação Wenzhou do Brazil），建于 2000 年］等。巴西温州同乡会的会长是何安，其会所设在文昌影视书局的一个房间内。值得一提的是，这家书店系其父何德光 1958 年移民巴西时创立的，据称是南美唯一的一家中文书店（林良旗，2006）。所有在巴西成立的华人同乡会，尽管其名称都冠以“巴西”，但都设在圣保罗。从中文报纸及各种各样的网站报道上可以看出，华人同乡会的主要活动就是轮流接待来自中国国内的代表团。另一个专注于大规模经济活动的华人社团组织是建立于 2004 年的巴西中华总商会（Câmara Chinesa de Comércio do Brasil），该总商会与中国驻圣保罗总领事馆保持着密切的联系（谢铃生，2006）。

在圣保罗及附近地区，可以见到几座佛教寺庙。部分寺庙带有当地的色彩，其他的一些寺庙则是全球性佛教组织的一部分（最明显的莫过于地处市郊的如来寺，以及设在自由街的禅修中心，这两个地方都属于台湾佛光山的佛教组织系统）。此外，这些佛教寺庙也都同时开办中文学校，组织一些校外活动项目（我自己的访谈者及 Yang，1995；Shoji，2004）。当地还有一些武术学校，这也是华人社区的一个重要的特色，但其招生的对象主要是非华人（Appolloni，2004）。无论是佛教禅修还是武术学校，为了适应巴西本土的环境，一些传统的仪式和做法都已加以改良和简化。

1. 案例 A

周是一个来自福建的年轻人，今年二十八九岁。他的妻子是个广东人，大约在 2000 年，她 16 岁时随父母移民到了圣保罗，她的父母在巴西经营进出口贸易。周是个理发师，两人在其妻返乡探亲时相识。五年前，两人结婚成家，周跟随妻子来到了巴西。他们有两个孩子，根据巴西国籍法的出生地原则，这两个孩子都是巴西公民。周在自由街开了一家理发店，雇用了一个最近从广东台山移民到巴西的中国人当助手。这家理发店的顾客基本上都是华人。周说，在巴西的生活压力不大，竞争压力也不大。在他看来，巴西人都是懒散的，所以，在巴西能比较轻松地击败竞争对手，挣钱不太困难。周有时会携带全家返回中国探亲，但他们不会永久地在中国定居。一开始，他的父母很难接受儿子移民到了那么遥远的国度，但如今只好妥协，接受既成事实。他妻子的葡萄牙语很好，他自己则只能用葡萄牙语进行基本的和日常工作的会话。他的住处距离自己在自由街的理发店不远。

2. 案例 B

玛丽安娜出生于圣保罗，现年 25 岁左右。她的父母是来自台湾的移民。她的父亲在大陆出生，从事航运业。当初，她父亲只身先到巴西，看看自己是否喜欢这个国家，后来返回台湾，把妻子一起带来了巴西。他父亲对此移民决定并不后悔，但玛丽安娜觉得母亲可能会有点儿后悔，因为她在台湾完成了大学学业，而现在却只能做一个家庭主妇。在这儿，台湾妈妈们彼此之间的联系相当密切，圈子很广。玛丽安娜在一所中文学校上学，在家里也总是说普通话。这个家庭平时看的是中文电视（包括中文配音的迪斯尼动画片），在家里阅读中文书籍。她的两个哥哥（大哥移民巴西时才刚刚 7 岁）订婚的对象都是巴西女孩。虽然她的父母乐此不疲，但玛丽安娜对于被安排与中国单身男士相亲毫无兴趣。

玛丽安娜从一所私立大学获得了医学学士学位，但毕业后却决定另谋他途，令父母大为恼火。最后，她在一个从中国江苏的工厂进口纺织品的巴西公司找到了一份工作，父母这才放下心来。与此同时，她也在一所私立语言学校教授中文。

玛丽安娜的朋友中，绝大多数都不是华人。虽然她在童年和青年时期在中文学校就读时结识了一些好朋友，但在私立初中和高中阶段的华人学生甚少，她本身就是当时少数的两、三个华人学生之一。她母亲非常热心地以志愿者的身份参与中文学校的工作。玛丽安娜有一个堂兄弟，虽然在巴西出生并长大，但他非常不喜欢巴西，而更喜欢中国的文化和社会。目前，他在上海的一家巴西公司工作。

玛丽安娜和她的母亲用“密码”语言进行交流。她父母的葡萄牙语口语说得不太流利，而且，他们看不惯巴西人对饮酒及与年轻男性交往等方面采取的宽容放任的态度。他们考虑在退休后返回台湾；玛丽安娜不知道这一切是否真的会发生。如果她回到台湾，人们会把她看成是外国人，虽然她中文讲得很好，但举手投足和思维却是不一样的。她也很难融进表姐妹们的圈子中，因为她们感兴趣的话题只是婚姻和时尚。

玛丽安娜认为自己既不是中国人，也不是巴西人。她并不特别地亲近当地的华人社区。有时，巴西朋友开玩笑称她为“日本人”，她非常恼火。她出门旅游时，圣保罗之外的巴西人很可能把她当成是外国人。她的华人朋友中，一个移民去了法国，另一个去了美国求学。

3. 案例 C

余来自广东省，她是 12 年前来到圣保罗的，与她同来的还有她的丈夫及两个小孩。在过去的这 12 年间，她在各种各样的餐馆里工作。为了工作，她在此地学了一些普通话。她会一些简单的葡萄牙语口语，但有时候还是需要孩子的协助，尤其是在处理文件及与官方打交道时。自从她到圣保罗后，当地华人的人口在不断地缓慢地增长。她和丈夫初抵圣保罗时，在一个堂兄的帮助下安顿了下来。起初，她很难适应，但如今她早已经习惯了所有的一切。她的孩子们将会留在巴西，她希望他们能够上大学，并掌握一门专业。餐馆里的顾客非常混杂。侍者和厨师都是华人，几乎全部来自中国大陆，但清洁工却是巴西人。她之所以来巴西，是因为在这里只要你愿意工作，就总能找到工作。

4. 案例 D

陈氏家族是20世纪30年代移居到圣保罗的，虽然如今第三代的后裔及其妻子均出生于浙江省。离开中国后，其妻子先是在德国工作，然后才移居巴西。他们有四个孩子。老大是个女儿，已嫁给了一个巴西人，现在是圣卡洛斯联邦大学的教师。老二在巴西的重点大学——圣保罗大学学习工商管理专业，同时自己经营着一些管理方面的业务，主要是为巴西公司进口中国商品。老三也是个女儿，正在学校读书。老四从大学辍学，成为一名足球职业运动员，偶尔出赛。这个家庭的亲戚们大部分都住在圣保罗。

陈氏家族的曾祖父曾采用过葡萄牙名字，他有一个巴西家庭和一个中国家庭。他有一个女儿，据说在葡萄牙。他的儿子和孙子都在经商，他的孙子还是部分推广中国—巴西文化机构的领导成员。陈氏家族的第四代成年后，大多数成员都开始学习中文，部分成员对中国展现出浓厚的兴趣，而不仅仅是因为有助于其生意。老二表示，她的中文主要是在如来寺当志愿者时，在工作中向寺庙里的尼姑学来的。50年前，这个富裕的家庭曾遭受武装分子的打劫，迫使他们搬家。女主人曾经一度考虑返回中国，但随后接受现实，安心在圣保罗生活。这个家庭与其祖籍地浙江青田之间偶尔有所联系。他们会庆祝圣诞节，互赠礼物，出去度假。至于中国的春节，则通常会在华人社区庆祝，并不作为家庭的节日。

六、结论

毋庸置疑，无论是在巴西移民史上，还是在海外华人史上，中国人对圣保罗移民都是一个特殊的案例。对巴西来说，中国是最大的跨国移民输出地，而且仍在源源不断地输入华人移民。巴西华人最终也许能像杰出的巴西日本人一样，在社会、文化和政治等方面发挥同等重要的作用。从华人移民的角度来看，当北美和大洋洲对没有文化或口袋里没有金钱的人关上了移民的大门之后，巴西仍然是一片接受移民、提供机会的乐土。在这里，只要愿意勤奋工作、雄心勃勃，移民可以融入主流文化，并快速地提升自己的社会地位。

圣保罗之所以能够成为一个著名的城市，在很大程度上是因为意大利移民的大量涌入。紧接着，大量日本移民迁入，为这个城市打上了永久的烙印。如今，中国移民与来自巴西东北部的国内移民，以及从玻利维亚迁徙而来的移民一起，大量涌入圣保罗，自然而然地共同谱写了圣保罗移民历史的篇章。在圣保罗，我和一位犹太人的老同学住在一起，他家毗邻希吉诺波利斯（Higienópolis），那个街区是犹太人聚居的地方。犹太移民刚到圣保罗时人数不多，大多数以卖衣服为生。后来，他们的孩子们进入了公立大学，毕业后从事专业技术工作。这个犹太族群社区的故事听起来和70年后当今的中国移民社区几乎如出一辙。①

本文无意深入探讨巴西甚至是圣保罗所面临的错综复杂却又饶有趣味的种族问题。但是，毫无疑问，巴西给那些没有什么资本、文化程度不高的移民提供了生存发展的机遇。事实上，与那些非常富裕但移民障碍重重的发达国家相比，来自浙江和福建乡村的移民或许有更多的机会来实现自己的巴西梦，而不是美国梦、加拿大梦或澳大利亚梦。

参考文献

[1] Rodrigo Wolff Appolloni, "Shaolin à Brasileira", *Estudo Sobre a Presença e a Transformação de Elementos Religiosos Orientais no Kung-fu Praticado no Brasil*, M. A. Thesis, PUC－SP, 2004.

[2] Associação Chinesa do Brasil, http://www.bxhx.com.br.

[3] Robert Conrad, The Planter Class and the Debate over Chinese Immigration to Brazil 1850－1893, *International Migration Review*, 1975, 9 (1).

[4] Flávia Cesarino Costa, *O Primeiro Cinema*, Scritta, 1995.

[5] Estadão, 25 de Março — A Torre de Babel do consume, *O Estado de São Paulo*, 2010－09－22.

[6] Estadão, *Investimentos Chineses no Brasil se Concentram em Fusões e Aquisições*, http://www.estadao.com.br/noticias/impresso, investimentos-chineses-no-brasil-se-concentram-emfusoes-e-aquisicoes, 724661, 0.htm, 2011－05－27.

[7] Boris Fausto, *O Crime do Restaurante Chinês: Carnaval, Futebol e Justiça na São Paulo dos anos* 30, Companhia das Letras, 2009.

[8] Fundaçao Joaquin Nabuco, *A Presença chinesa no Brasil: Pesquisa Bibliographica*, http://www.fundaj.gov.br/isis/chineses.html.

[9] PF faz Operação Contra Imigração Ilegal de Chineses em 3 Estados, *Globo News Portal*, 2009－05－22.

[10] 黄志良：《张大千故里寻踪》，《沧桑》1994年第5期。

[11]《华人世界》，（巴西）《南美侨报》2005年第11期。

[12] Raquel Landim, Chinese no Brasil vao Muito alem da Rua 25 de Março, *O Estado de São Paulo*, 2010－07－04.

[13] 雷滨：《胡锦涛主席和我们巴西华人在一起》，《统一论坛》2005年第

① 我想借此机会感谢热情的东道主，倘若没有他们的协助，我根本就不可能完成自己的田野调查。他们是Eduardo Guelman和他的父亲Alberto、他的妈妈Mariza、他的妹妹Larisa。我还要感谢Diego Arvate和Adriana Maiolini，他们长途跋涉，为这篇论文拍了很多照片。同时我也要感谢华人社区中那些友善和热情的受访者，谢谢他们同意接受访谈，和我分享他们的生活经历。

2 期。

[14] José Leite, Roberto Teixeira, "Introdução: A China no Brasil", *A China No Brasil: InfluêNcias, Marcas, Ecos e Sobrevivências Chinesas na Sociedade e na Arte Brasileiras*, Ed. Da Unicamp, 1999a.

[15] José Leite, Chineses Entrados no Brasil 1814 - 1842, *A China No Brasil*, 1999b.

[16] 林良旗:《奋斗在巴西的何氏一家》,《对外大传播》2006 年第 5 期。

[17] Rafael Shoji, Reinterpretação do Budismo Chinês e Coreano no Brasil, *Revista de Estudos da Religião*, 2004 (3).

[18] Chang - Sheng Shu, Imigrantes e Imigração Chinesa no Rio de Janeiro (1910 - 1990), *Revista Eletrônica Boletim do TEMPO*, 2009, 4 (7).

[19] 斯舜威:《张大千凯公司》,《政府法制》2011 年第 8 期。

[20] Superior Tribunal da Justiça, Decisões Judiciais Imprimem Mais Rigor Contra a Pirataria, *O Tribunal da Cidadania*, http://www. stj. gov. br/portal_ stj/publicacao/engine. wsp? tmp. area = 398&tmp. texto = 10093, 2011 - 02 - 27.

[21] UOL, *Bairro da Liberdade Celebra o Ano Novo Chinês nofim de Semana*, http://entretenimento. uol. com. br/ultnot/2010/02/03/ult4326u1489. jhtm, 2010 - 02 - 03.

[22] Veja, O Vasto Mundo da China em São Paulo, 450 *anos da Cidade da São Paulo*, 1986 - 01 - 05.

[23] 谢铃生:《巴西中华总商会》,《华人世界》2006 年第 6 期。

[24] Alexander Yang, O Budismo Entre os Chineses no Brasil, *Hina em Estudo*, 1995, 2 (2).

[25] 杨继绳:《十五万华侨在巴西》,《群言》1996 年第 5 期。

[26] Caroline Yu, *As Representações Sociais do Estrangeiro: Um Estudo Intergeracional com Imigrantes Chineses*, 2008.

编织网络：以柬埔寨港澳地区新移民群体为中心的考察

钱　江

在柬埔寨，华人堪称是该国人数最多的少数民族族群。柬埔寨华人人口中，大约60%居住在城镇，以经商为主，另外的40%则居住在乡村。自从红色高棉政权垮台之后，数以万计的华人新移民从中国大陆、台湾、香港、澳门，以及毗邻的东南亚国家蜂拥而入，为一度备受重创的柬埔寨华人社会注入了新鲜血液，重获生机。在柬埔寨的大小城镇，尤其是金边、暹粒（Siem Reap）、西哈努克港（Sihanouk Ville）和马德望（Battambang），几乎每个角落都可见到中国新移民的身影。中国的移民企业家们在当地投资设厂，开设银行、医院、餐馆、酒店、夜总会和赌场，而那些来自中国的技术工人和管理人员则在制衣厂等华人企业中工作。换言之，中国新移民在柬埔寨的社会经济生活中扮演着十分重要的角色，他们在柬埔寨各地设立的大小企业、工厂和公司是柬埔寨政府的纳税大户，贡献良多。然而，中国新移民群体与当地老华人群体差异甚大。大致上来说，柬埔寨的中国新移民群体主要由三大移民群体组成，即来自中国大陆的新移民、来自台湾地区的新移民、来自香港和澳门地区的新移民。柬埔寨的中国新移民群体是如何形成及发展壮大的？中国新移民如何在当地建立或重建起自己的社会网络？他们在经济上进行整合并获得成功的原因何在？为什么来自香港和澳门地区的移民企业家比那些来自台湾和大陆地区的中国新移民更成功？企业家精神（entrepreneurship）与裙带资本主义（crony capitalism）之间究竟有何不同？寻租（rent-seeking）与移民企业家精神之间有哪些差异？我们该如何来理解并分析东南亚的这些发展中国家的华人资本主义（Chinese capitalism）及其带有明显族群特征的移民企业家精神？根据笔者自2000年至2015年在柬埔寨的多次田野调查，本文将重点讨论来自港澳地区的柬埔寨中国新移民。笔者认为，港澳移民企业家不仅具有敏锐的商业嗅觉，善于抓住商机，而且富有企业家的创业奋斗精神，这些素质使得他们能够很快地适应不同的海外环境，融入当地社会。尽管如此，他们仍然需要建立起一些制度化的机制，并依赖这些机制来保护自己的商业利益。通过发扬光大跨国企业家精神，这些中国新移民在海外似乎发展得不错，并已深深地融入或扎根于当地社会。

一、古代中柬交往与柬埔寨华人社会

历史上，中国与柬埔寨之间的来往源远流长，中国人移民柬埔寨的历史至少可以追溯至公元12世纪晚期（Coedès，1948；Malleret，1959—1963）。1296—1297年，元朝旅行家周达观到吴哥游历，见到当地已出现了华人侨居社群（周达观，1981）。在建于12世纪末的吴哥窟巴雍寺庙（Bayon Temple）的浮雕上，人们可以见到一组组栩栩如生的反映当时真腊王国华人移民日常生活的雕塑。在金边，根据一位葡萄牙探险家的描述，当地20 000名居民中，有3 000人是华人（Groslier，1958）。

1859年，法国人占领了交趾支那。在此之前，出生于柬埔寨的华人只要他们愿意接纳高棉人的习俗，像高棉人那样穿着打扮，人们就认为他们是柬埔寨人。此后不久，法属交趾支那首任总督路易斯·阿道尔夫·波拿德海军上将（Admiral Louis - Adolphe Bonard）制定出一套间接统治的制度来管辖当地的华人，并于1871年强行将所有的华人归入各自所属的方言帮群。每个方言帮群有自己的首领，该首领不仅要负责为法国殖民当局征收本方言群内的人头税，还得负责维持方言群内的秩序。倘若某位华人违反管理规定，帮主有权将其驱逐出方言群。此外，每个华人都必须随身携带自己的身份证，以备检查（Willmott，1967）。法国殖民当局设计的这套管理华人的机制进一步加深了不同方言帮群之间的壁垒。

降至法属交趾支那殖民统治末期，柬埔寨已开始出现不同的华人方言群集中在某个行业工作的现象。例如，潮州人活跃在商界；广府人主要是手工工匠和建筑工人；海南人多经营饮食业；福建人大多在政府部门工作，或经营书店与布匹销售；客家人是这五个方言群中人数最少的群体，他们经营咖啡店和水果摊（Teston and Percheron，1931；Edwards，2009）。

根据柬埔寨华人理事总会发布的统计数据，20世纪50—60年代是柬埔寨华人经济发展最繁盛的时期，柬埔寨全国的华人数量达到70余万，这还不包括那些已经加入了柬埔寨国籍的华人。在60年代之前，大多数华人生活在农村，在各地经营零售业。1970年，柬埔寨共产党发动武装斗争，革命运动横扫乡村，吓得那些原先居住在农村的华人小商贩纷纷逃到金边等城市。五年之后，至1975年初，柬埔寨的华人人口基本上已全部转变成为城镇人口。

在红色高棉的民主柬埔寨政府执政时期，城市人口被强行疏散，家破人亡的悲剧几乎日日上演。1975年4月，大批华人被红色高棉政府驱离城镇，移居到乡村，受尽折磨。由于被军队强行驱赶，一路上颠沛流离，饥饿加上疾病，以致于在1976年至1978年，仅柬埔寨西北地区一地就有150 000名华人死亡。几乎全国的华人都被红色高棉政府重新安置在了设置在各地的“华人村”里（《真相杂志》，1981—1982；Kiernan，1986、1990）。

数百年来，柬埔寨华人社会内部始终是各具特色、变化多样的。虽说有文化的华人能够通过中文彼此进行交流，但就方言而言，广府话、海南话、客家话、福建话和潮州话之间却难以沟通。由于历史上航海贸易的缘故，海南人和福建人抵达柬埔寨的时间要远远早于其他三个方言群。至 19 世纪末，海南人和福建人已经在金边站稳了脚跟。事实上，在 1891 年之前，无论是法国殖民政府还是柬埔寨王室都不曾制定相关法律，要求华人移民必须按照方言群来居住或择业，但华人移民还是不由自主地向各自所属的方言群体靠拢。

方言群身份认同是海外中国移民族群自然形成的内在特点。1891 年，法国殖民当局开始对华人移民实施分而治之的集中管理制度，从而进一步强化了各方言群的身份认同。从此之后，居住在柬埔寨的华人必须按照法国殖民政府颁布的法律规定，加入各自所属的方言群。在金边，法国殖民当局设立了五个方言群（潮州、海南、福建、客家与广府）居住区。在柬埔寨的其他地方，殖民政府根据当地华人移民数量的多少而设立规模大小不一的方言群居住区。各方言群居住区的侨领由法国人来挑选，他们负责维持本方言群内部的秩序，代表殖民当局对自己的侨民同胞征税，并将新近抵达柬埔寨的新移民登记入册（Willmott，1967）。华人社区分而治之与方言隔阂的现象直到 1956 年之后才逐步得到改善。当时，中国政府决定在全国推广普通话，柬埔寨全国各地的华文学校在此影响下也开始在教学中使用普通话。从 20 世纪 50 年代到 1970 年，柬埔寨华人纷纷学习普通话，历史上因方言隔阂而造成的语言沟通障碍遂逐渐消失。

如前所述，到法国殖民统治末期，华人移民的不同方言群已在当地社会经济生活中占有一席之地，各具特色。职业分工本不是华人移民群体的文化特色。之所以会出现不同的方言群体集中经营某些行业的现象，这完全是由于移民海外后，华人移民在当地寻找工作时所遇到的不同的机遇和障碍造成的，这既与某个特定的方言群体在地理上的分布情况有关，也与该方言群体在多大程度上能够接触并利用当地的资源有关。与此同时，殖民政府的经济规划及其所执行的劳工政策亦推动了华人移民方言群体在就业和经商方面趋于集中和专业化。例如，在殖民地时期的交趾支那，广府人长袖善舞，在工商业领域游刃有余，尤其擅长经营贸易出口、建筑业与内河航运；福建人则是杰出的欧洲商人对华贸易的中介买办；客家人垄断了当地的茶叶销售；潮州人的地位最低，位于华人社会的最底层，多为船夫和搬运工人（Teston and Percheron，1931：398；Edwards，2009）。在柬埔寨，情况则完全不同，潮州人不仅垄断了当地的一些重要行业，而且最早投资、兴办华文学校。

根据相关档案文献的记载，至少自 19 世纪 80 年代开始，潮州人就已活跃于金边。20 世纪初，潮州人开始迁徙至贡布省（Kampot）和磅湛省（Kompong Cham）。不过，绝大多数的潮州人是在 1941 年泰国吞并了马德望省之后才迁徙进了柬埔寨。当时，数以万计的潮州人如潮水般地涌入马德望省，而在此之前，马德望是福建人和广府人的天下。1945 年，泰国政府将马德望省归还给了柬埔寨，大部分当时已在马德望省安居乐业的潮州人却不愿意再返回泰国了，他们宁愿留在马德望，以逃避当时泰国当局正在实施的严厉的排华运动。于是，在很短的时间内，马德望境内的潮州人的数量就超过了早期移民至此的福建人和广府人，在当地商界居于垄断地位。降至60 年代，潮州方言成为当地商界的通用语。与此同时，潮州人还是柬埔寨华文教育的主要推手。1901 年，潮州人在磅湛省创办了柬埔寨最早的一所华文学校——新民小学。1907 年，潮州人又在金边创办了柬埔寨最著名的华文学校——端华学校（吴凤斌，1993：848）。如今，在柬埔寨华人社会里，潮州方言群的势力最为雄厚，其社团组织的规模也最大，遍布全国各地。不久前去世的潮州方言帮群的首领杨启秋同时兼任着柬埔寨五个华人方言群体的总机构——柬埔寨华人理事总会的会长，俨然是柬埔寨全国华人社会的领袖。

二、柬埔寨的中国新移民群体

由于历史上版图变更及跨境移民的缘故，柬埔寨境内居住着许多越南人，但高棉人与越南人这两个民族之间的关系始终不融洽。20 世纪 70 年代末，红色高棉军队对毗邻越南边境地区的入侵，以及屠杀柬埔寨境内越南侨民的恶行，终于激怒了河内当局。1978 年至 1979 年间，越南人挥军南下，对柬埔寨发起了大规模进攻（Chanda，1988；Seekins，1990；Becker，1998）。越军的机械化部队很快就占领了金边，推翻了红色高棉政权，将红色高棉的军队击溃驱散，赶进了北部山区森林。在此后的 10 年间，越南继续占领着柬埔寨，15 万越军分布在柬埔寨各地，直到 1989 年 7 月，巴黎和会才呼吁越南从柬埔寨撤军。此后不久，越南开始从柬埔寨陆续撤军。1991 年 10 月 23 日，有关各方在巴黎和会上达成了全面政治解决柬埔寨问题的协议，标志着延绵多年的柬埔寨战乱正式结束。战乱之后的柬埔寨，社会经济凋零残破，急需大量的外国资金和人员援助，为外国新移民的迁入扫清了障碍。

1989 年，新成立的柬埔寨王国政府开始放松原先对境内华人的诸多限制。在河内当局的支持下，柬埔寨政府让华人享有更多的自由，并允许他们恢复兴办华文教育。随着和平环境的逐渐形成，一批大胆且富有冒险精神的中国新移民开始进入柬埔寨。

根据柬埔寨华人理事总会的统计，当时，柬埔寨全国大约有 50 万华人，占该国总人口的 2% 左右。其中，80% 以上的华人经商或开办企业。这部分华人中，至少 90% 出生于柬埔寨。然而，自从 1991 年之后，大批华人新移民从中国大陆、台湾、香港、澳门及其他东南亚国家不断地流入柬埔寨。换言之，柬埔寨的华人社会由两部分人组成，一部分是早已在当地扎根、生活了数百年的老华人（或称之为高棉华人），另一部分是战后迁入柬埔寨的中国新移民。

20 世纪 90 年代抵达柬埔寨的这批中国新移民中，部分是因为当地有亲戚关系或同属于某个方言群，比较容易在当地社会站住脚，其他的新移民则多半有一技之长，如牙医、普通科医生、厨师、新闻记者、报社编辑，以及中文教师等。尽管如此，一开始许多人还是觉得困难重重，难以在当地社会立足。华文学校和华人开设的公司不会轻易聘用这些新移民，除非求职者能出示合法的入境签证及柬埔寨政府移民局颁发的居留身份证明。不过，只要肯花钱，诸如此类的证明或证件当时在黑市上都可以用高价购得。与那些世世代代生活在柬埔寨的老华人不同，这批初来乍到的华人新移民大多没有地域纽带的认同，也不属于某个特定的方言群体或某个行业，但是，他们有着共同的成长背景（如中国大陆、台湾或港澳地区），能说普通话或某种方言（广府话、闽南话），在海外社会所遇到的种种困扰以及作为华人的民族自豪感令其拥有另外一种身份认同，而这种身份认同与柬埔寨当地老华人的身份认同是截然不同的。

1. 来自台湾的新移民

早在 20 世纪 80 年代，就有一批为数不多的台湾移民在柬埔寨打拼。等到 90 年代大陆新移民抵达柬埔寨时，台湾移民在当地商界早已立足，占据先机。当时，在柬埔寨做生意的台商多为投资者、工厂主或商人。然而，好景不长。90 年代末，在柬埔寨政府第二总理洪森与第一总理诺罗敦·拉那烈王子（Prince Norodom Ranariddh）的内部争斗中，台湾地方当局全力支持拉那烈王子。1997 年 7 月，以洪森为首的人民党发动兵变，从军事上彻底击溃了拉那烈王子领导的奉辛比克党（funcinpec）。兵变结束后，洪森下令关闭台湾地方当局在金边设立的当局代表处，将其驱逐出境。随着台湾地方当局代表的撤离，台湾商人移民得不到官方的保护，遂逐渐淡出了柬埔寨商场，转移到了越南南方。柬埔寨台湾移民的数量从 30 000 迅速下降到了只有 1 000 左右，原来由台湾人经营的工厂企业等由来自中国大陆和香港的新移民接手。①

2010 年之后，台湾地方当局鼓励台商向东南亚国家发展，试图恢复设立在金边的半官方代表处，柬埔寨的台商企业数量开始增多，目前有 5 000 家至 6 000 家。台湾地方当局希望在金边重设代表处的计划在政治上过于敏感，洪森断然否决，最终成了泡影（Naren and Robertson，2014）。

大批台湾移民悄然而至，在金边和暹粒等城市开设起自己的餐饮业。笔者在田野调查的过程中，曾与金边等地的台商及华人社团组织的负责人讨论有关柬埔寨台湾移民的数量等问题。据他们估计，如今分布在柬埔寨各地的台湾移民数量在 2 万 ~ 3 万，柬埔寨政府对此没有发布任何官方统计数据。换言之，在过去的这十来年间，台湾人又悄悄地低调重返柬埔寨，柬埔寨的台商移民群体再次成形。

---

① 2009 年 3 月 25 日，笔者在金边与柬埔寨台湾商会会长的访谈记录。

2. 来自毗邻东盟国家的华人新移民

在20世纪90年代初涌入柬埔寨淘金的还有一批来自东盟国家（尤其是新加坡和马来西亚）的华人。据估计，这批人的数量在2 000左右。与台商移民的情况比较相似，来自毗邻东盟国家的华人移民基本上都是商人，其中不乏实力雄厚的隐形富豪。在柬埔寨，最为活跃的东盟国家的华商多为马来西亚华人和新加坡华人，他们在柬埔寨成立起自己的商会社团组织。

这些来自新加坡、马来西亚等国的东盟华商平时行事极为低调。柬埔寨首都金边富丽堂皇的赌场Naga World即为一例。这座赌场兼酒店的建筑物是金边最豪华的大厦。该赌场由马来西亚的一个不太知名的阿里斯顿公司（Ariston Co.）所持有，其老板即为2018年Forbes马来西亚富豪榜排名第七的华商曾立强（Chen Lip Keong）。阿里斯顿公司与柬埔寨政府关系密切，所以，这位马来西亚华商巨子从一名中国大陆新移民手中买下这个赌场之后，能够从柬埔寨政府手中获批一张在金边开设赌场且执业有效期至2065年的排他性的特殊营业执照。在金边，唯有这位来自马来西亚的华商有能力获得这些特殊的待遇。

3. 来自中国大陆的新移民

如果说，20世纪90年代初，来自中国台湾、香港和毗邻东盟国家的华商移民曾一度独占鳌头，占据了柬埔寨经济生活的重要地位的话，那么，在过去的15年内，从中国大陆源源不断地流入的新移民便逐渐成为当地华人社会的主要群体，至少在华人移民的人口比例上是如此。

李先生是一位在金边土生土长的华人记者，在当地华文报界工作了20来年。由于每天都必须采访、报道柬埔寨华人族群的新闻，所以，他非常熟悉柬埔寨各地不同华人移民群体的情况。在访谈中，李先生指出："就人数而言，中国大陆的新移民主要来自浙江、四川、湖南和广西，此外，还有不少人来自广东、东北三省（辽宁、吉林、黑龙江）、湖北、河南、重庆、上海、云南、北京和福建。90年代初最早来柬埔寨淘金的是福建人，炮声刚停，他们就冲进来了。"

根据李先生提供的资料，在1992年至1996年间，有2万~3万名福建人在台商经营的制衣厂里工作。但是，这批福建人并不是真的要在柬埔寨永久居留，他们只是将柬埔寨作为其最终偷渡进入美国的跳板。1997年末，由于美国政府执法部门强力打击反偷渡移民的活动，经由柬埔寨偷渡美国的非法移民潮逐步地进入尾声。浙江新移民抵达柬埔寨的时间较晚，1999年才开始出现，此后数量迅速增加，到2002年至2004年间，其人数一度达二三万。目前，大约有5 000名浙江人居留在柬埔寨，经营大小不同的食品杂货店。湖南人移民到了柬埔寨之后，主要从事农林种植业。至于来自湖北、重庆、上海、广东、四川、云南和广西的中国新移民，均为小商贩。柬埔寨的北京人数量不多，他们大多数是当地华人工厂的工程师与技术员。河南人大约有500名，多在华人的制衣厂工作。至于东北人，其数量在2 000左右，绝大多数为女性，年龄在20来岁至40岁出头，多为桑拿浴服务人员。①

柬埔寨的中国大陆新移民究竟有多少人？事实上，无人知道准确的数字。柬埔寨政府官员认为，有4万余名中国大陆移民居住在该国。但是，中国驻柬埔寨大使馆和当地华人社团的负责人的估计是10余万人。那些在金边华文报刊工作的新闻记者则认为，柬埔寨全国的中国大陆移民有15万至20万人之多，其中，大约6万人是非法移民。

与那些迁徙到发达国家的中国新移民的状况不同，柬埔寨的中国新移民来自大陆不同的省、市、自治区，层次参差不齐，在当地所从事的职业也是五花八门，几乎遍布了柬埔寨社会经济的各个领域。他们中有银行家、投资者、商人、小商贩、餐馆老板、华文学校的教师、医生、护士、新闻记者、编辑、技术工人、农民、渔夫、矿工、桑拿浴服务人员和难民（参阅表1）。至于这些新移民的月收入，可参阅表2。

新移民群体中当然也有一些新富（nouveaux riches）。前述金边 Naga World 赌场原来的华人老板就是一个例子。此君为人十分低调，深居简出。因为工作的缘故，他在柬埔寨内战时期就已从中国大陆到了柬埔寨，在战争生涯中与一批后来成为柬埔寨政府高层官员的高棉人结成挚友，私交甚笃，为战后自己在当地生意场上的成功打下了坚实的人脉基础。或许因为这个，他十分谨慎，刻意与其他的大陆新移民保持距离，从来不参加当地华人组织的活动。

表1　柬埔寨大陆新移民的来源地及其所从事的职业

来源地	职业
安徽	商人与小摊贩
北京	私人诊所、医院的医生、护士；工程师、技术员
福建	制衣厂的中层管理人员
广东（除潮州外）	水产养殖；华文学校教师；华文媒体记者和编辑
广东（潮州）	农业种植
广西	医生、护士；商人和小商贩；华文学校教师；华文媒体记者和编辑
河北	林业种植与伐木工人
湖北	种植稻米、蔬菜、大棚养殖蘑菇
湖南	种植稻米、蔬菜、大棚养殖蘑菇

① 田野调查笔记，2011年11月5日，柬埔寨金边。

（续上表）

来源地	职业
东北三省（女性）	桑拿浴服务人员
上海	商人；旅行社与夜总会老板；小摊贩
山东	林业种植与伐木工人
四川	华文学校教师；华文媒体记者和编辑；商人与小摊贩
云南	华文学校教师；华文媒体记者和编辑；林业种植与伐木工人
浙江（诸暨、宁波、绍兴）	技术员；制衣厂中层管理人员
浙江（青田）	进口商；批发商；小超市老板

资料来源：笔者在柬埔寨的田野调查笔记。

表 2　柬埔寨大陆新移民月收入情况

职业	月收入（美元）
华人工厂工人	500 ~ 600
华人工厂中层管理人员	600 ~ 1 500
没有政府牌照的私人的士司机	1 000 ~ 1 500
工程师	1 000 ~ 1 500
桑拿浴服务人员	500 ~ 1 500
华文学校教师（每周教学 20 ~ 24 个小时）	250 ~ 300

资料来源：笔者在柬埔寨的田野调查笔记。

4. 来自香港和澳门的新移民

柬埔寨有一批来自香港和澳门的新移民，当地华人习惯性地称呼他们为“港商”。他们人数不多，大约有 2 000，由于内部团结，勤奋实干，这批新移民在当地社会颇有影响。

“港商”移民群体由两部分人组成。一部分原来就是柬埔寨的老华人，在柬埔寨内战时期逃到香港投亲靠友，待战争结束、柬埔寨新政府组成之后，又陆续返回。这些人尽管在香港或澳门曾长期居留达 15 年之久，其子女和父母等家人目前都生活在香港，但他们始终维持着与柬埔寨本地华人群体之间的千丝万缕的联系。正因为他们在柬埔寨社会拥有这种独特的关系纽带，所以，他们对香港和柬埔寨的双重身份认同使其能够很顺利地在柬埔寨社会重新站住脚跟，发展起自己的家族生意。另外一部分来自港澳地区的新移民是土生土长的香港、澳门的企业家，他们原先在港、澳及珠三角地区投资设厂。由于中国大陆的生产成本（包括员工的工资）越来越高，他们的利润空间也就越来越小，压力甚大。与此同时，国际社会为了支持战后的柬埔寨重建经济，美国和其他西方国家给予柬埔寨最优惠国的进出口配额待遇。换言之，只要是在柬埔寨生产的产品，出口西方国家就基本没有配额限制。两相比较，在柬埔寨设厂显然具有优势，能够带来丰厚的利润。于是，在过去的25年间，许多中小港澳企业家关闭了自己原先在珠三角地区开设的工厂，携家带口转移到了金边。在这些从珠三角地区迁移来的工厂中，不少是规模较大的制衣厂。对来自港澳地区中国新移民的这一举措，亟待重建柬埔寨经济的洪森政府非常高兴，热烈欢迎，因为当时柬埔寨的经济千疮百孔，急需来自外国的直接投资。

正因为如此，除了部分“港商”移民在柬埔寨从事银行金融业、制药、航运、餐饮和房地产之外，绝大多数的“港商”移民都在经营制衣厂。据港澳新移民的社团组织“柬埔寨中国港澳侨商总会”提供的统计数据，该总会共有78个公司团体会员，其中85%以上都是规模大小不一的制衣厂企业。

与来自中国大陆及其他地方的华人新移民不同，港澳新移民在柬埔寨所经营的企业几乎清一色的是家族企业，带有很强的海外华商企业的特征。这些家族企业在香港及改革开放后的广东珠三角地区已营运多年，相当成熟，为了降低企业运作的成本，增加利润，才不得不将整个工厂迁移到了劳动力低廉、出口配额不受限制的柬埔寨。与此同时，继续从美国和欧洲的客户处接受生产订单。这些家族企业往往是将公司的总部设在香港，以便于随时保持与柬埔寨制衣厂和西方客户之间的联系，同时负责到世界各地采购原材料，然后安排集装箱将这些原材料通过海运发送到金边。有趣的是，这些“港商”家族企业的大家长（公司的老板）常常是亲临生产第一线，长期住在柬埔寨的制衣厂，亲自监督各车间的生产，控制产品质量，坐镇香港总部安排企业整个营运流程的却是他的儿子（通常是其长子）。当然，公司里所有重要的决定最后必须由家族企业的大家长来拍板决定，公司的高层管理人员也都由家族成员来担任。

柬埔寨“港商”移民企业的运作模式与当地台商移民企业基本一致，企业内的高层管理人员和工程师均来自香港，中层管理人员和车间主任则从中国大陆招聘。在早期，“港商”移民需要协助大陆移民向柬埔寨政府移民局申请获得工作签证，但现在不必如此麻烦了，来自中国大陆的中层管理人员自己先办妥工作签证手续，然后才到各企业应聘。为了营造大家庭的氛围，密切与管理层的关系，“港商”移民企业的大家长每天都会与公司的管理人员一起共进工作午餐，同时交换信息，讨论生产流程中的安排等问题。至于制衣厂里的普通工人，则为本地高棉人或早已同化于当地社会的柬埔寨华人，招聘自柬埔寨各地的乡村。

对新移民来说，要想在一个刚刚经过多年战乱的国家里立足，办好企业，其中的艰辛与苦恼，外人是难以想象的。在战后重建的柬埔寨，贪污腐败、敲诈勒索等现象司空见惯，当地政府中各个层次的官员都需要送钱打点，否则就寸步难行。无论是台湾人，还是来自中国大陆或港澳地区的新移民，几乎所有人都曾经遇到过类似敲诈勒索的烦恼。

与此同时，“港商”移民企业家和其他的外国投资者还常常遇到柬埔寨各种不同工会组织的挑战。在柬埔寨，有许多由西方政府在背后资助、指挥的非政府组织（NGO），他们利用这些非政府组织来和洪森政府对抗。所以，非政府组织在柬埔寨相当活跃，颇有势力，影响很大。这些非政府组织经常组织华人移民企业里的高棉工人进行罢工，教导他们如何成立自己的工会，如何与工厂主进行谈判，要求增加工资、缩短工作时间。

三、编织网络并融入本土社会：对“港商”新移民群体的个案研究

在柬埔寨的多次田野调查过程中，笔者向当地华人、中国大使馆官员及柬埔寨政府官员经常提出的一个问题是：“在柬埔寨所有的华人移民群体中，您认为哪个移民群体最为成功?”令笔者惊讶的是，几乎所有受访者的回答都是“港商”。经过仔细观察和认真分析，笔者的结论是：“港商”新移民之所以能够在柬埔寨成功立足，发展得比其他华人移民群体更好，其关键的因素就在于他们为自己精心编织起多层次的社会网络。这些社会网络保护了他们，同时帮助他们在1992年之后成功地进入柬埔寨社会，顺利立足发展。就“港商”新移民群体而言，至少可以辨认出以下六个不同层次的社会网络关系。

1.“港商”新移民群体内部的网络

对“港商”新移民群体的所有成员来说，维护内部团结是最为重要的事情。这个新移民群体的首领是来自澳门的银行家Y先生，而Y先生私人银行里的主要客户就是这些来自港澳地区的商人和企业家，尤其是制衣行业的老板们。为了便于彼此合作，在异国他乡守望相助，同时将各企业手头的资金集中起来，Y先生于1998年3月18日在金边成立了一个港澳新移民的社团组织，名为“柬埔寨中国港澳侨商总会”。在东南亚地区，这是第一个由港澳移民企业家自己成立的社团组织。目前，也只有柬埔寨出现了这么一个由“港商”移民群体自发成立、继而专门为这个移民群体服务的独立的社团组织。

港澳侨商总会的成立得到了中国驻柬埔寨大使馆的大力支持和鼓励。Y先生被一致推选为首任会长，这个港澳新移民的社团组织总部也就自然而然地设立在了Y先生的银行大厦内。港澳侨商总会聘请了一位来自中国大陆的年轻人担任秘书，负责编辑日常会务通讯及安排社团活动。港澳侨商总会每个月还出版一份印刷精美的会刊。在2000年出版的一份会刊上，港澳侨商总会明确地提出了该社团创会的宗旨和目的：

(1) 促进并鼓励来自香港特别行政区和澳门特别行政区的商家、公司与企业在柬埔寨投资，从事商务活动，协助他们联络柬埔寨政府的相关部门；

（2）保护本会会员在柬埔寨的合法权益；

（3）为来自香港、澳门的投资者提供有关柬埔寨投资政策、投资环境、工作机会、住宿和旅游等方面的咨询服务与建议；

（4）为本会会员提供法律和金融服务业方面的咨询服务与建议，帮助会员解决其在投资、企业管理、寻找工作及住宿等方面的问题；

（5）推动本会会员间的生意合作，资讯共享；

（6）为本会会员提供有关柬埔寨经商和社会治安方面的信息。①

港澳新移民群体内部团结、守望相助、共谋发展，在柬埔寨当地华人移民社会中广受好评。1997 年夏天发生在柬埔寨首都金边的“七月兵变”事件，令这个新移民群体经历了一次严峻的考验。当时，第二总理洪森领导的军队对第一总理拉那烈王子领导的奉辛比克党总部及其军队发起了袭击，坦克和装甲车开上了金边街头，双方军队发生激战。柬埔寨社会大乱，商店关门，人们蜂拥到银行提款，生怕银行倒闭。一大批由港澳移民企业家开设的制衣厂急需提取大量现金来安抚自己的工人，都希望能得到 Y 先生属下银行的支持。Y 先生一方面紧急通知该银行的所有股东尽快向银行注入大量现金，另一方面下令银行职员维持好提款群众的秩序，敞开银行大门，让所有排队的客户不加任何限制地提款。Y 先生不仅对港澳同乡出手相助，还尽量满足当时在其银行存有款项的台商移民，任其提取现金。兵变风波平息后，作为港澳侨商总会成员的许多港澳移民企业家对 Y 先生感激不尽，信任有加。有趣的是，大批台湾商人也都纷纷要求将自己企业的资金从其他银行转到作为港澳商人大本营的这家银行来存放，并申请要加入原本不属于台湾移民的柬埔寨中国港澳侨商总会。

港澳侨商总会经常组织会员们到不同的国家和地区进行商务投资考察，或到柬埔寨的一些偏僻贫困的山区乡村去扶贫，为当地贫穷的高棉百姓赠送大米、药品和生活日用品。除此之外，港澳侨商总会定期地举行一些内部研讨会，邀请中国大使馆商务处的参赞和柬埔寨政府的部分官员来给会员们开讲座、做报告，讲解柬埔寨政府的相关政策与规定。

2. 与其他华人移民社团之间的网络

毋庸置疑，来自港澳地区的新移民群体十分重视维系和其他华人社团之间的联系与合作。他们心里明白，这对自己在柬埔寨社会的生存与发展是至关重要的。正因为如此，港澳侨商总会与柬埔寨新加坡商会、柬埔寨马来西亚商会及柬埔寨中国商会等华人社团组织之间会定期地联合举办一些联谊性质的活动，以联络感情，密切关系。

柬埔寨老华人在当地已定居数百年，人数众多，关系网盘根错节，影响甚

① 《柬埔寨中国港澳侨商总会会刊》（非公开出版物），2000 年，第 3 页。

大。1990 年 12 月 26 日，经柬埔寨政府批准，一个全国性的柬埔寨本地华人的社团正式成立，名为“柬埔寨华人理事总会”。该社团组织下辖五大方言帮群，总人数在 60 万至 80 万，其中约 25 万人居住在柬埔寨首都金边，并在全国各省设立了 18 个分会。令人钦佩的是，柬埔寨华人理事总会在全国各地设立了 70 余所华文学校，几乎所有的城镇或规模较大的村寨都有华校，柬埔寨全国有 50 000 余名华人学生在这些华校中学习中文和中华文化（吴凤斌，1993）。这些柬埔寨老华人中不乏富商巨贾，部分人与柬埔寨政府高层官员的关系十分密切。港澳侨商总会不敢得罪这些颇有势力的本地老华人，平日里小心翼翼地与他们来往，时不时地邀请柬埔寨华人理事总会的龙头老大一起聚餐叙旧，或组织港澳新移民企业家向贫穷的柬埔寨华人捐赠现金和衣物，以示支持。

除此之外，“港商”移民群体与来自大陆和台湾地区的新移民社团之间也常有互动和联络。不过，据笔者在应邀参加相关社交联谊活动时的近距离观察，港澳侨商总会与大陆、台湾这两个新移民群体之间的关系并不是非常密切，他们彼此尊重，相互理解，客客气气地进行交往，但缺乏彼此之间真正的信任与合作。

3. 与中国政府之间的网络

1999 年之后，香港和澳门都已分别回归祖国，成立了特别行政区，成为中华人民共和国不可分割的一部分。因此，柬埔寨的港澳新移民群体特别注意建立并维护好自己与中国各级政府之间的关系，平日里花了不少时间和精力来和中国驻柬埔寨大使馆搞好关系，经常向大使和商务参赞请示、汇报港澳侨商总会的活动情况。使馆方面也颇为重视这批港澳新移民在当地社会、经济、生活中所发挥的重要作用，每逢国家领导人或中国政府代表团到访柬埔寨，都会刻意安排港澳侨商总会的部分负责人参加接待高层领导人的活动，并与国家领导人一起合影留念。投桃报李，港澳侨商总会也会设宴款待来访的中国政府代表团，并经常邀请大使、商务参赞等使馆负责人参加本社团组织的活动。“港商”移民群体编织的这个网络并不局限于中央政府，他们还将此网络进一步扩大到了广西、广东、山东等部分省区地方政府，为港澳侨商总会的会员们到中国大陆投资新的项目打下基础，铺垫好在当地的人际网络。

在田野调查的过程中，笔者曾询问过数位港澳侨商总会的负责人，为何他们平时要花这么大的力气去和中国驻柬埔寨大使馆及各级中国政府搞好关系。对这些在异国他乡的商人和企业家来说，中国大使馆（尤其是商务处）是非常重要的，一旦遇到柬埔寨政府官员故意刁难或非常离谱的敲诈勒索，他们就只能求助于中国大使馆和商务处，希望中国政府出面来保护港澳侨商的合法权益。

4. 与故乡之间的网络

总体而言，作为一个新移民群体，来自港澳地区的商人与企业家心里最认同的还是自己的故乡：香港与澳门，尽管他们中间的大部分人早已拥有柬埔寨的永久居留证或柬埔寨护照。每逢香港或澳门发生某些重大的事件，都会立刻牵动早已移居柬埔寨的这些海外游子的心，例如，2003年春季香港爆发的非典型肺炎（SARS）。再如，1999年12月22日，为了庆祝澳门回归祖国，港澳侨商总会在金边特别举办了一场盛大的宴会。2004年6月，他们出资邀请香港特区足球队到柬埔寨访问、比赛。此外，但凡有香港特区或澳门特区的政府代表团到访柬埔寨，港澳侨商总会一定是当仁不让的东道主，热情接待来自家乡的政府官员。Y先生的银行和众多港商开设在柬埔寨的企业，其融资渠道和公司业务运作的许多环节，其实都仍然留在香港。正因为如此，柬埔寨的港澳新移民群体离不开香港，在其身份认同的先后层次上，排在第一位的也一定是香港和澳门。在港澳侨商总会印制的一份宣传海报上印着这么几个鲜明的大字：香港是我家！

5. 与东盟国家华人社团之间的网络

在柬埔寨，无论是中国大陆新移民的社团，还是柬埔寨当地老华人的社团，一般不会与来自东南亚其他国家的华人移民所组建的社团联络或合作。港澳新移民群体则不同。或许因为历史上香港与东南亚诸国的经贸关系一直很密切，香港人对东南亚地区比较了解，所以，在柬埔寨港澳新移民的眼中，东盟国家的华商是自己很好的生意合作伙伴，必须维持良好的正常的生意来往。2002年11月，港澳侨商总会专门组织会员前往泰国考察，与泰国的华人社团建立起更加广泛、密切的联系。2004年10月，他们分别与柬埔寨马来西亚商会、柬埔寨新加坡商会等东盟国家的华人社团联欢聚会，这两个国家驻柬埔寨的大使也应邀参加宴会。

6. 与柬埔寨政府之间的跨族群网络

港澳新移民群体费时20余年精心编织的这个跨族群的社会网络非常独特，也非常重要，它直接关系到“港商”移民企业家在柬埔寨的生存与发展。在港澳侨商总会内部，有一份平时应邀参加该社团活动并成为港澳侨商总会赞助人的VIP名单，在名单上排名第一位的是政府总理夫人。总理夫人祖籍中国海南，她与柬埔寨本地华人社会的关系十分密切。总理夫人有一位本地华人的密友Y太太，她也是海南人。这位Y太太因为其先生的关系，与金边的这批港澳新移民过从甚密。在她的建议下，港澳侨商总会积极地组织筹款募捐活动，将大笔筹款捐献给总理夫人任会长的柬埔寨红十字会。如此一来，他们就和总理夫人渐渐地越走越近，并进而通过总理夫人与总理建立了联系。

港澳新移民群体在柬埔寨的第二位重要的VIP是一位地地道道的高棉人S先生。S先生是柬埔寨政府的副总理兼某部的部长。战争结束不久，通过朋友的介绍，Y先生认识了这位和蔼可亲的政府部长。在S先生的鼎力支持和帮助下，Y先生顺利地拿到了政府有关部门的批准文件，于1991年在金边开办了自己的银行。在早期，S先生是该银行不露面的合伙人，只负责在幕后提供协助。后来，他干脆彻底从港澳移民创办的这家银行退出，转而变成港澳侨商总会的名誉会长。S先生与柬埔寨港澳新移民群体的关系非常好，随时乐意从柬埔寨政府的角度为他们提供所需的帮助和内部建议。不言而喻，在S先生和一批至关重要但又非常低调的柬埔寨政府高层官员的协助与保护下，柬埔寨的这批港澳新移民在当地社会发展得十分顺利。他们虽然人数不算多，却能很快地在当地商界崭露头角，比其他华人移民群体更快地获得了成功。通过会长Y先生的关系，港澳侨商总会的其他成员得以辗转享用柬埔寨政府内部由一批高棉统治精英所掌控的社会资本。一方面，S先生及其在政府内阁中的同事为这些来自港澳地区的华人新移民提供大量所需的协助、保护与恩惠；另一方面，通过这个特殊的跨族群的社会网络，这批高棉统治精英向自己的商业合伙人收取足够的“租金”，从而隐秘地构建出一个皆大欢喜的双赢局面。无论是大陆新移民，还是台湾新移民，都无法像“港商”新移民那样在柬埔寨编织或构建出这么一个特殊的社会网络，这也就是为何港澳新移民群体在柬埔寨能比大陆人和台湾人发展得更为顺利、事业上做得更为成功的根本原因。

四、企业家精神还是裙带资本主义

能否将海外华人所从事的商业活动说成是“企业家精神”抑或是“裙带资本主义”？我们该如何准确地理解东南亚地区的华人资本主义与移民族群的企业家精神？“寻租”与移民企业家精神之间的界限在哪儿？我们能否将华人移民描述成“寻租”企业家？华人移民企业家与柬埔寨政府之间的这种合作是不是他们在海外社会奋斗立足之早期阶段内所无法避免、必须经历的环节？

众所周知，裙带资本主义指的是商人与政府官员结成密切合作的关系并利用这种关系获取商业上的成功。裙带资本主义的表现形式多种多样，或是政府官员在执法的过程中偏袒某一方，或表现为政府对某个项目进行拨款，或是政府给予特别的税收减免优惠，或是政府以其他的形式对某件事进行干预。研究东南亚经济的日本著名学者吉原久仁夫（Kunio Yoshihara）在其研究东南亚合成资本主义（ersatz capitalism）的专著中曾一针见血地指出：“私营行业的企业家们通过与高层官员、政客们的结盟而获益良多，他们不仅可以在与外国的竞争中获得保护，而且能够得到政府方面给予的种种优惠、经营许可证、垄断权和补助。”（Yoshihara，1988）当某个人、某个机构或某个公司试图通过操控、利用营商环境来攫取经济上的好处，增加自己的收入，而不是通过商业交易和附加值的生产来赚取利润时，就出现了“寻租”行为（Tullock，1967；Krueger，1974；Ross，1996）。“寻租”行为通常意味着从他人手上获取无须支付补偿的利益，且对生产率的提高毫无贡献。例如，通过“寻租”行为来控制土地和其他自然资源，实施某些令人不堪忍受的政策法规，或政府做出某些可能会影响消费者和商界的决定。一言以蔽之，“寻租”行为对社会造成了巨大的损失（Kang，2003）。在理论上，

“寻租”行为与寻利（profit－seeking）行为是截然不同的，后者必须通过互惠互利的交易来获取利润。然而，部分学者指出，实际上很难将有益的寻利及有害的“寻租”这二者区分开来（Pasour，1987）。所以，“寻租”一词主要用于指那些权贵官僚，他们利用手中的法律和特权恣意妄为，让自己的客户获益，然后从中收取“贿赂”和“租金”（Chowdhury，2006）。

按照常理，在促进社会经济成长等方面，一个廉洁的政府肯定要比一个靠裙带资本主义和贪污腐败来支撑运作的政府强得多。然而，在东南亚和东亚的部分国家，尤其是在印度尼西亚、马来西亚与韩国，裙带资本主义的现象无处不在，司空见惯。为什么裙带资本主义在某些发展中国家会阻碍当地社会经济的发展，而在另外一些发展中国家却没有这样的现象？经济学界对“寻租”、交易成本、新制度经济学等问题的理论探讨近年来有所突破，从而得以从理论层面解释裙带关系在何种情况下是有害的，在何种环境中并无害处。如果说，在某个特定的场景中，参与“寻租”活动的仅仅是少数几个政府官员与商界人士，其人数较为固定，彼此之间因为共同的利益而捆绑在了一起，则裙带关系能够通过与政府官员之间的某些特殊的关系纽带和某些安排来降低交易成本，减少因为市场未处于最优运行状态而引发的社会成本［或称为“净损失”（deadweight loss）］。

若从交易成本这一视角来分析贪污腐败和裙带关系，便可看到某一组特定的政商关系虽然颇为腐败，却能降低交易成本，使得企业家的投资获得很好的回报，而另外一组政商关系却做不到这一点。这种分析方法不仅能够部分地解释贪污腐败现象出现的原因，而且能够提供具有理论根据的因果关系机制，从而区分不同类型的腐败。交易成本的分析方法与新古典经济学的模式形成了对比，而这么一种对比的分析架构可以说明，就裙带关系和决策的研究而言，交易成本的分析方法会让人们拥有不同的期望，得出不同的结论。

在理解并分析东南亚大部分国家中的裙带关系与华人资本主义时，新制度经济学的视角特别有用，在本文所讨论的柬埔寨中国新移民群体这一问题上尤为如此。人与人之间的个人关系有时的确有助于提高办事效率，降低交易成本。港澳新移民群体与柬埔寨当地统治精英阶层所结成的特殊的网络关系为这部分中国新移民提供了保护，令其获得企业在当地发展、壮大和投资的机会。在一个法制不健全、政治制度和经济体系不完善、市场资讯不仅匮乏且难以获得、外商投资和私人产权经常得不到保护的发展中国家，中国移民企业家们别无选择，只有通过裙带资本主义来和当地政府结成合作联盟，以期获得他们的保护，同时降低自己在当地投资经商的交易成本。在这样的一种情况下，“寻租”与移民企业家精神之间的界线变得模糊不清，柬埔寨中国新移民编织网络、融入本地社会的一些举措也就容易理解了。换言之，在战后重建的经济发展之初级阶段，华人移民不得不与海外侨居地社会中那些有权有势的统治精英阶层结成“寻租”关系，这是一个必须经历的环节。

五、结论

以商人和企业家为主体的中国人向柬埔寨的移民，已经源源不断地持续了很长一段时间。与发达国家和绝大多数东南亚国家中的华人新移民不同，柬埔寨的中国新移民群体构成复杂，不仅移民来源地范围广，而且所从事的职业五花八门，部分新移民甚至来自新疆、青海等中国内陆的偏远省份。因此，本文尤为关注在中国跨国移民潮中所出现的一些新的趋势和特点。

社会学家重视并强调社会网络在经济交易活动中的重要性（Granovetter，1985；Coleman，1990）。不同的网络关系产生不同的社会资本，而社会资本的多寡则决定了某个公司或某个移民族群是否有能力创造出价值或达到自己在经济方面设定的目标（Coleman，1990；Tsia and Ghoshal，1998；Echols and Tsai，2005）。欲研究柬埔寨的华人移民社会，最好是从观察、分析其关系网络入手，因为不同层次的华人移民群体会嵌入在不同的社会关系网络上。港澳新移民群体所编织的这一个多层次的社会网络不仅使得他们密切了与各兄弟华人社团之间的关系，而且为他们提供了共享宝贵信息和资源的渠道。正是因为拥有这些网络渠道，来自香港和澳门的这一批移民企业家才能听到相关政府部门或个人的咨询建议，得以获取某些关键的资源以及在柬埔寨当地的投资良机。

自20世纪90年代初以来，研究华人资本主义的学者认为：海外华人的网络正引领着亚洲经济向前发展，成为一股全球性的力量（Kotkin，1993；Nasbitt，1995；Rowher，1995；East Asia Analytical Unit，1995；Weidenbaum and Hughes，1996；Hiscock，1997）。其他的一些研究海外华商的学者则指出：当代华人资本主义具有某些促进华人经济茁壮成长的与众不同的特征。他们认为，海外华人经济的制度、规范和实践正是海外华人企业得以扩大、其所拥有的华商网络得以形成的重要因素。建立在信任和亲缘纽带基础上的族群网络不仅可以降低交易成本，而且能够增进彼此之间的协调，减少风险（Redding，1990；Whitley，1992；Kotkin，1993；Gomez，1999）。

毋庸置疑，海外华人族群内部的各种网络对华人资本主义之兴起贡献巨大。然而，本文所强调的是跨族群网络在柬埔寨华商社会中所扮演的重要角色。如上所述，港澳新移民群体所编织的这个多层次的社会网络在其日常生活和商务活动中颇有用处。他们小心翼翼地在柬埔寨经营了30余年，终于编织起一张层次丰富且严密的社会关系网。这个网络一方面加强了其内部的团结，另一方面改善并密切了他们与来自中国大陆、台湾及其他东盟国家等不同地方的华人移民群体之间的关系，拉近了其与中国政府及其在柬埔寨的官方代表之间的距离，甚至与当地社会的高棉统治精英结成了密友。最后的这个与高棉统治精英结盟的跨族群的网络至关重要，因为它保证了港澳新移民群体在当地社会的生存与事业上的成功。正因为如此，港澳新移民群体的人数虽然不多，却引人注目，成为柬埔寨华人社会中最有影响力也是最为成功的商人移民群体。来自中国大陆和台湾的新移民之所以无法与港澳新移民群体竞争，其原因就在于此。

我们可以用一个多层次的球形理论模型来形容中国新移民在柬埔寨编织的社会网络。如前所述，新移民处于不同层次的网络的保护之下。所有这些网络都十分坚韧，富有弹性。倘若遇到外力的打击，相互交织的网络体系就会很快地做出反应，帮助整个体系恢复到原先的状态。恰如一个多层次的橡皮球，受到的外力打击越大，反应就越快，橡皮球就弹得越高。有时，这个网络的外层结构或许在猛烈的外力攻击下出现断裂，但网络的球形状态依然存在，因为其内部的其他层次的网络还在，仍在发挥着保护功能。

中国新移民（尤其是那些来自香港和澳门地区的新移民）具有很强的经商才能和敢于冒险创新的企业家精神，所以，他们能够很快地适应海外社会的不同环境。然而，他们必须依赖各种不同的制度性的机制来保障自己的人身安全与合法权益。在类似战后重建的柬埔寨那样法制不健全、政治动荡、经济体系不完善的国家，移民企业家与政府官僚之间结成的人际网络关系、恩主与被庇护者之间的关系、“寻租”现象和裙带资本主义等，不仅是必需的，也是外国新移民为了生存及在当地社会向上流动之不可避免的手段和策略。在跨国企业家精神的指引下，中国新移民在柬埔寨发展得比较顺利，他们用相互交织的不同层次的社会网络来保护、支持自己的这个移民群体。通过与当地高棉统治精英的合作与结盟，部分中国新移民成功地在柬埔寨社会立足，并已深深地融入了当地社会。

参考文献

[1] Elizabeth Becker, *When the War Was Over: Cambodia and the Khmer Rouge Revolution*, Public Affairs, 1998.

[2] Jennifer S. Berman, Anti – Vietnamese Discrimination and Nationality in Cambodia, *California Law Review*, 1996, 84 (3).

[3] Nayan Chanda, *Brother Enemy: The War after the War*, Collier Books, 1988.

[4] Faizul Latif Chowdhury, *Corrupt Bureaucracy and Privatization of Tax Enforcement*, Pathak Shamabesh, 2006.

[5] George Coedès, *Les états Hindouisés d'Indochine et d'Indonésie*, E. De Boccard, 1948.

[6] J. S. Coleman, *Foundations of Social Theory*, Belknap Press of Harvard University Press, 1990.

[7] East Asia Analytical Unit, *Overseas Chinese Business Networks in Asia*, Department of Foreign Affairs and Trade, Commonwealth of Australia, 1995.

[8] Ann Echols, Wenpin Tsai, Niche and Performance: The Moderating Role of Network Embeddedness, *Strategic Management Journal*, 2005, 26 (3).

[9] Penny Edwards, "Chinese in Cambodia", in Penny Edwards and Chan Sambath eds., *Ethnic Groups in Cambodia*, Center for Advanced Studies, 2009.

[10] Edmund Terence Gomez, *Chinese Business in Malaysia: Accumulation, Ascendance, Accommodation*, University of Hawai'i Press, 1999.

[11] Mark Granovetter, Economic Action and Social Structure: The Problem of Embeddedness, *American Journal of Sociology*, 1985 (78).

[12] Bernard P. Groslier, *Angkor et le Cambodge au XVIe siècle d'après les Sources Portugaises et Espagnoles*, Presses Universitaires de France, 1958.

[13] G. Hiscock, *Asia's Wealth Club*, Nicholas Breasley Publishing, 1997.

[14] David C. Kang, Transaction Costs and Crony Capitalism in East Asia, *Comparative Politics*, 2003, 35 (4).

[15] Ben Kiernan, Kampuchea's Ethnic Chinese Under Pol Pot: A Case of Systematic Social Discrimination, *Journal of Contemporary Asia*, 1986, 16 (1).

[16] Ben Kiernan, The Survival of Cambodia's Ethnic Minorities, *Cultural Survival Quarterly*, 1990, 14 (3).

[17] Ben Kiernan, *The Pol Pot Regime: Race, Power, and Genocide in Cambodia under the Khmer Rouge*, 1975 - 1979 (2nd Edition), Yale University Press, 2002.

[18] J. Kotkin, *Tribes: How Race, Religion, and Identity Determine Success in the New Global Economy*, Random House, 1993.

[19] Anne Krueger, The Political Economy of the Rent - Seeking Society, *American Economic Review*, 1974, 64 (3).

[20] Louis Malleret, *L'Archéologie du Delta du Mekong*. 4 Volumes, EFEO, 1959 - 1963.

[21] Kuchand Naren, Holly Robertson, Hun Sen Quashes Plans for a Trade Office with Taiwan, *The Cambodia Daily*, 2014 - 07 - 19.

[22] J. Nasbitt, *Megatrends Asia: The Eight Megatrends that are Changing the World*, Nicholas Breasley, 1995.

[23] E. C. Jr. Pasour, Rent Seeking: Some Conceptual Problems and Implications, *The Review of Austrian Economics*, 1987, 1 (1).

[24] I. I. Pribbenow, Merle L., A Tale of Five Generals: Vietnam's Invasion of Cambodia, *The Journal of Military History*, 2006, 70 (2).

[25] S. G. Redding, *The Spirit of Chinese Capitalism*, Walter de Gruyter, 1990.

[26] Kelley L. Ross, *Rent - Seeking, Public Choice, and the Prisoner's Dilem-*

ma, http: //www. friesian. com/rent. htm, 1996.

[27] J. Rowher, *Asia Rising*, Butterworth – Heinemann Asia, 1995.

[28] Donald M. Seekins, "Historical Setting", in Russell Ross ed. , *Cambodia: A Country Study*, The Library of Congress, 1990.

[29] E. Teston, M. Percheron, *L'Indochine Moderne: Encyclopédie Administrative, Touristique, Artistique et économique*, Librairiede France, 1931.

[30] Wenpin Tsia, S. Ghoshal, Social Capital and Value Creation: The Role of Intra – firm Networks, *Academy of Management Journal*, 1998 (41).

[31] Gordon Tullock, The Welfare Costs of Tariffs, Monopolies, and Theft, *Western Economic Journal*, 1967, 5 (3).

[32] M. Weidenbaum, S. Hughes, *The Bamboo Network*, The Free Press, 1996.

[33] R. Whitley, *Business Systems in East Asia: Firms, Markets and Societies*, Sage Publications, 1992.

[34] William E. Willmott, *The Chinese in Cambodia*, University of British Columbia Press, 1967.

[35] 吴凤斌:《东南亚华侨通史》, 福建人民出版社, 1993 年。

[36] Kunio Yoshihara, *The Rise of Ersatz Capitalism in South – East Asia*, Oxford University Press, 1988.

[37]《真相杂志》辑:《越南柬埔寨华侨的悲惨自白》, 科华图书出版公司, 1981—1982 年。

[38] 周达观著, 夏鼐校注:《真腊风土记校注》, 中华书局, 1981 年。

海外学者名著重刊

清初郑成功残部之移殖南圻

陈荆和

小引

通觀越南近代史，可認出越南民族南進之風潮頗爲顯著之幾個時期。其一爲十三世紀末年，大越陳王朝爲抗拒元朝南侵計，向南鄰之占城頗施和親政策，結果獲得占城的烏、里兩州，改名爲順州及化州(卽今順化及其附近)，以此，大越之版圖擴至中圻海雲關一帶。其二爲黎朝前期，尤在十五世紀後葉，黎聖宗曾徹底的攻破占城，將其疆域之北半收爲直轄領，其南半分立土侯，命爲藩屬，因此，大越之國土再向南擴張而達到歸仁、潘郎附近。其三爲十七世紀初年以降之廣南阮主時代。在此階段，越族侵蝕之主要對象已不再是占婆人而爲高棉人。據 A. Leclère 著「高棉史」(Histoire du Cambodge, depuis 1 er siècle de notre ère, Paris, 1914, p. 339-340)所載，公元一六二〇年，棉王 Chey Choettha II (1618-1628)曾娶一位廣南王女爲妃，而此王妃才色兼備，爲廣南及高棉間之邦交頗有作爲。一六二三年，阮主福源(稱佛王，一六一三——三五)遣使棉都幽東(Oudong)，向棉王索一處基地於高棉南境，並要求於柴棍(Prey Kor，卽今堤岸、西貢)開一所關卡以便向出入境商客徵稅；棉王不敢拒絕，許之。此段史事雖未見於阮朝官方史書，但幾可認爲阮主對高棉東南部(卽今南圻)侵透之伊始。

顧自十四世紀中葉暹羅阿瑜陀耶王朝興起後，高棉漸受其壓迫，國土屢被暹羅軍隊蹂躪，致使高棉境内呈現長期不安之局面。歷代阮主乃乘高棉之内訌與外患，事事加以干涉，操縱傀儡王侯，以致力攫取棉國土地。第四代阮主福瀕(卽賢王，一六四八——八七)之戊戌十年(一六五八)九月，棉王匿螉禛(Neak Angk Chan)侵犯廣南邊界，賢王命鎮邊營副將尊室燕南征，擒匿螉禎以歸。賢王赦棉王之罪，遣軍獲送棉王返國，令為藩臣，歲供職貢，從此高棉臣屬廣南及暹羅。鄭懷德嘉定通志（疆域志，藩安鎮條）亦載其事，並附曰：「其時嘉定之地頭每楸（Moi Xui，卽後之邊和省福正縣）、仝狔（Dong Nai，卽今邊和）二處已先有我國流民與高蠻（卽指高棉人）雜居，開墾田地，而高蠻畏服朝廷威德，竟讓以避之，不敢爭阻」，可見在十七世紀中葉，現西貢河之附近已為越人所侵佔。

及至賢王甲寅二十六年（一六七四）高棉宗族匿烏苔（Neak Angk Chey）謀叛，襲取柴棍，棉王匿嫩（Angk Non）走依廣南之泰康營（卽今慶和），賢王命楊、林兩將（均失名）督兵克復柴棍，進攻南榮（卽今金邊），匿烏苔走亡，宗族匿秋（Angk Saur）出降。賢王以匿秋嫡派，便封為正國王，令居龍澳（Oudong）；以匿嫩為二國王，令駐柴棍城，同理國政，歲奉朝貢。如此，自從阮潢以廣南鎮守身份莅任順化後僅閱一百年，廣南居然成為高棉之宗主國。

時值明清鼎革，明朝遺臣紛紛南奔，或者依靠北圻之鄭主，或者投寓阮主治下之廣南，或者遠投高棉、暹羅；尤以明鄭退據東寧，清廷施行遷界、展界等一連串封鎖政策後，鄭氏之商船紛至日本、東京（北圻）、廣南（中圻）、高棉及暹羅，搜購軍火，運輸糧食，一時稱霸於東南海上。就越南南圻而言，康熙十年（一六七一）前後，已有雷州人鄚玖南投高棉，墾殖河仙，着手經營一個華風蔚然之殖民地。及三藩之亂甫定，東寧鄭氏政權搖搖欲墜，則有大批明鄭之海上部隊歸投廣南阮主，並入殖於南圻東浦之地，卽今邊和與美湫。高棉二王匿嫩便與此批集團移民提携，聯合侵寇正王匿秋，廣南阮主又利棉國內訌，屢次動兵佔取土地，致使廣南領域日益擴大，而入殖之華人不避艱難，闢地開荒，構立舖市，時則自告奮勇，爲阮主前鋒，屢建奇功，致使東浦地方商業交通日漸發展，各國商舶湊集，稠人廣衆，至康熙三十七年（一六九八年），阮主明王（卽阮福淍，一六九一——一七二五）因而開置嘉定府。

按嘉定府爲阮主在南圻最初之行政機構，而該府之設乃爲明鄭部隊移殖之一個直接成果；易言之則南圻之墾殖須待此批中國移民抵達之後，才上軌道；靠他們刻苦耐勞、百折不撓之精神，一向消極的、散發的、無組織的南圻殖民始變成積極的、集中的、有組織的開發事業，尤以他們對阮主同心同德的合作已導致阮主領屬湄公河前江及後江全部沃土，並奠定了今日西貢堤岸及南圻各埠商業繁榮之基礎，於南越華僑史上實佔不朽地位。

所惜關於此批中國集團移民之入殖南圻，阮朝史書之所載尙乏確實，本文擬就該批集團移民之構成分子，入殖年代及其活動之概況，援用中、越、日及歐洲有關史料，試以論考，並提出若干管見，以仰同道之士指正。

一、南移明鄭船隊之陣容

閩粵沿海無數之島嶼自古為中國海盜們良好之基地或匿迹之處。中國境内屢生之政變、戰亂及飢饉雖每次都驅使大批難民走險於南海，使他們與土著雜居，逐漸形成龐大的華僑社會；但另一方面，此等難民之一部却與沿海之海盜們混在一起，互相提携以橫行於海上。自洪武四年（一三七一）明太祖頒行海禁後，海盜們便與日本八幡船及九州方面之「大名」們勾結，成為武裝之走私集團，跋扈於沿岸，經明廷屢次之進勦，仍未能根絕其勢力。繼自十六世紀初葉歐人東來以後，海上之巨盜們再轉為歐人與中國商賈間之中人，以從事海外貿易，因而貯積了鉅富與雄厚的武力。（1）

迨明末，此等商業性海盜們搖身一變，成為明朝復興勢力有力的支撑。如所周知，鄭芝龍、鄭成功父子所領導之海上勢力曾為維護明室，退據台灣，力拒滿清至三十餘年之久。（2）當時跟隨鄭氏，與之和衷共濟之人士大多為閩南人，其船隊則包含雜多的海盜份子，而奉鄭氏號令之海上勢力中，我們可認出一個較有特色之人物：即楊彥迪。楊彥迪俗稱楊二，當初為東南沿海著名之海盜，後歸屬鄭氏，率衆出沒於東南沿海以參加抗清之戰鬥；及明鄭政權瓦解之前夕，楊氏便率部走奔廣南，並入殖南圻，為明鄭遺民開闢了一個新天地。茲先摘錄若干有關史文，以便概觀楊氏部隊南投之動機及經過：

一、大南實錄前編卷五太宗己未三十一年正月條曰：

己未三十一年春正月，故明將龍門總兵楊彥迪、副將黃進、高雷廉總兵陳上川、副將陳安平率兵三千餘人、戰船五十餘艘投思容、沱灢海口，自陳以明國逋臣義不事淸，故來願爲臣僕；時議以彼異俗殊音，猝難任使，而窮逼來歸，不忍拒絕，眞臘國東浦（原注：嘉定古別名）地方沃野千里，朝廷未暇經理，不如因彼之力使闢地以居，一舉而三得也；上從之，乃命宴勞嘉奬，仍各投以官職令往東浦居之；又告諭眞臘以示無外之意；彥迪等詣闕謝恩而行；彥迪、黃進兵船駛往雷巤（原注：今屬嘉定）海口，駐札于美湫（原注：今屬定祥），上川、安平兵船駛往芹蒢海口，駐札于盤轔（原注：今屬邊和）；闢閒地，構舖舍，淸人及西洋、日本、闍婆諸國商船湊集，由是漢風漸漬于東浦矣。

二、鄭懷德嘉定通志卷四疆域志曰：

太宗己未三十二年夏四月，（3）大明國廣東省鎭守龍門水陸等處地方總兵官楊彥迪、副將黃進、鎭守高雷廉等處地方總兵官陳勝才、副將陳安平等率領兵弁門眷三千餘人、戰船五十餘艘，投來京地思容、沱灢（原注：即今瀚海門，隸屬廣南營）二海港，奏報稱大明國逋播臣爲國失忠，力盡勢窮，明祚告終，不肯臣事大淸，南來投誠，願爲臣僕，時以北河屢煽，而彼兵遠來，情僞未明，況又異服殊音猝難任使，然他窮逼奔投，忠節款陳，義不可絕，且高蠻國東浦（原注：嘉定古之別名）地方沃野千里，朝廷未暇經理，不如因彼之力委之闢地以居，斯一舉而三得矣；爰命犒勞嘉奬，仍准依原帶職銜，封授官爵，令往農耐以居，拓土効力，並開諭高蠻國王知之，以示無外；楊、陳等詣闕謝恩，奉旨進行；龍門將楊等兵弁船艘駛進梂巤（原注：今名蠕巤）大小海門（原注：俱屬定祥鎭），駐札于美湫處（原注：今定祥鎭莅所）；高雷廉將陳等兵弁船艘駛進芹蒢海門，駐札于仝犯處盤轔地方（原注：在今邊和鎭莅所）。

嘉定通志卷六城池志又曰：

太宗己未三十二年春二月十八日龍門將楊彥迪等自大明詣京投誠，旨准舍差文貞、將臣吏文昭賚遞諭文勅高綿秋王分其地以處之；（4）五月文貞經引龍門兵弁船艘進營於美湫北方，起房舍，集華夷結成廛里；暨顯宗（筆者注：卽明王阮福淍）時，於市北立爲府治，隸藩鎮營。

三、A. Leclère 著高棉史（p. 356）引高棉年代記云：

約在一六八〇年，明室殘黨之一將領楊彥迪（Duong Ngan Dich）爲清康熙帝之軍隊所擊敗，率殘餘之二百艘船隻奔投安南（卽廣南）。其船隊於途中遭暴風蹂躪，僅剩下五十隻及三千兵員；楊氏以此勢力抵達沱瀼（Tourane），歸降安南王，並求地以居其所部。安南王不願留此三千外國人在身邊，便先告知棉王 Chey Chaettha，然後將他們派往其一部已爲安南移民侵佔，且被視爲安南領域之高棉婆地（Baria）及同泥（Dong Nai）地方。楊彥迪不滿所指配之地而選定美湫（My-tho），偕其部屬定居該地；其副將陳氏則接受所配之地，而入殖於婆地。（5）

有關此件史事之史文又見於其他越南史籍，如高朗歷朝雜記（H. M. 2163，卷一，30b-31b）及黎貴惇撫邊雜錄（H. M.2108，卷一，31a-31b）均有載錄；除撫邊雜錄之文爲極簡單之摘要外，其他越南史籍所載內容大約相同僅異於若干枝節而已。按嘉定通志之撰年最早，且可視爲阮朝官撰各種史書之藍本，故大南實錄前編及其他史書有關楊氏南投之記事均抄錄嘉定通志無疑。

關於楊氏船團來投廣南之日期，A Leclère 所引之高棉史記爲「約在一六八〇年」，大南實錄前編爲「太宗己未三十一年春正月」，嘉定通志疆域志爲「太宗己未三十二年夏四月」，（6）同志城池志爲「太宗己未三十二年春二月十八日」，而歷朝襍記及撫邊雜錄均作「己未年五月」，惟歷朝襍記附記曰：

……投來我國思容、沱瀼二海門外，畏順廣兵銳，不敢入港，守禦員令人出問，迪等豎起白旗，報稱該等係是大明國逋播臣，爲國効忠，力盡勢窮，云云

關於楊氏一行之姓名與職稱，在嘉定通志、大南寔錄前編及歷朝襍記之間，亦稍有出入：（7）

	嘉定通志	大南寔錄前編	歷朝襍記
楊彥迪	大明國廣東省鎮守龍門水陸等處地方總兵官楊彥迪	故明將龍門總兵楊彥迪	明逋臣廣東省龍門總兵將軍楊彥廸
黃進	副將黃進	副將黃進	高雷廉副將黃進
陳上川	鎮守高雷廉等處地方總兵官陳勝才	高雷廉總兵陳上川	總兵陳勝才
陳安平	副將陳安平	副將陳安平	副將陳平安（Sic.）

關於楊氏之姓名，台灣外記作「楊彥敵」，華夷變態所收各華舶之「申口」（卽報告）或稱爲「楊二」，或爲「楊禮武」，或爲「楊彥迪」。黃進之名，廉州府志（卷廿一）及欽州志（卷十）均誤作「王進」，華夷變態則作「黃震」。（陳）勝才爲陳上川之爵名，嘉定通志見有「勝才侯陳上川」之名，而華夷變態則作「陳尙川」。至於陳上川之副將，歷朝襍記作「陳平安」，其余諸書均作「陳安平」。

鑑於楊彥迪之名屢見於大清實錄及清代各地方志，在越南史籍中其名亦不時佔其他三位將領之首，可想見楊氏爲該船團名符其實之領導人物。至於南投船隊之陣容，嘉定通志爲「兵弁門眷三千餘人，戰船五十餘艘」；大南實錄前編，歷朝襍記，撫邊雜錄之所載相同，惟 Leclère 所引高棉年代記則云當初爲二百艘，後因遭風僅剩五十艘及三千兵員。

那麽楊彥迪之經歷如何？是否如越南史書之所載，爲明遺將鎭守龍門總兵？其南投之動機及年代如何？對於這些問題，我們在下文將逐序予以論考。

二、東南海上之雄——楊彥迪

據管見所及，當初楊彥迪似爲順治初年以來盤據中越境界附近龍門港之巨盜鄧耀之部屬乃至夥伴。盧坤等編廣東海防彙覽屢載有關鄧、楊兩盜跳梁之記事。例如，彙覽卷四輿地三云：

龍門海島東通高雷瓊，西隣交趾，內有港汊七十二逕，昔年鄧耀、楊彥迪等盤踞之地。

彙覽卷八營制一亦云：

我清定鼎以來，廉欽於順治十三年始入版圖，彼時地方初定，營籌廢弛，至康熙元年遷界，改廉州珠場寨爲乾體水師營，嗣康熙八年展界，雖乾體水師營增船增兵，但船泊內港既非扼要卽爲失計，且置欽州沿海西鹽、白皮等場於戶外，不能相顧，所以三十餘年間海寇鄧耀、楊二等攻城掠野，蹂躪四郡，荼毒不堪。

繼自順治十二年（永曆九年，一六五五）楊二與楊三聯合襲擊粵省沿海及海南島之消息屢見於各地方志。茲列擧其行踪之槪要：

一、順治十二年（一六五五）二月，海盜楊二、楊三襲擊洞棲港。（8）

二、順治十五年（一六五八）三月，楊二、楊三跳梁於沿海。清軍進駐雷州及廉州後，楊二、楊三退據龍門，聚衆屢襲附近船舶；近出七隻船來攻龍棲灣，因此，崖州遊擊馬可任派兵駐防該港。（9）

三、順治十六年（一六五九）三月，楊二來寇番人塘及樂道村，焚燒民屋，搶掠家畜與糧食。（10）

據彙覽所引國朝汪琬堯峯文鈔，順治十七年（一六六〇）九月海北道方國棟督三千兵，分五路進勦鄧耀；國棟慮鄧耀逃逸，曾要求隣接州縣與安南國王接濟及陳兵邊界相應，終而擒獲巨盜鄧耀。（11）不過，方國棟之勦滅鄧耀，並未導致清軍恆久地立脚於龍門島及欽州。至少在一六六一年七月間龍門、欽州已爲「長髮之華人」（Chinois Chevelus）所控制。同年七月間有一艘荷印東印度公司帆船 Meliskerken 號經過東京（Tonkin，卽北圻）後駛至龍門島（Luban）以實地考察該地是否適合該公司之商業活動。七月廿三日 Meliskerken 號乘務員之代表抵欽州（Cantsiow）會見龍門之鎭守；另外，公司會計員 Abbas 則奉派至廉州府以會見韃靼人（卽清人）知府。該知府曾要求 Abbas 援助清軍奪回「長髮之華人」，卽明朝殘黨所佔據之龍門港，並謂如荷人相助，清朝皇帝將予以嘉奬。當荷船泊龍門期間，「長髮華人」攻佔欽州並拿捕荷人，然不久將之釋放。雖逢如此不測之事件，然荷印公司人員一致認爲龍門灣頗適於公司船舶之停靠與設立公司之商館。（12）

上述荷印公司之記錄可令人推想鄧耀被擒之後，楊彥迪已代之盤踞龍門港及其附近。欽州志（卷十，28b）及廉州府志（卷廿一，40b）均以楊氏之佔據龍門島爲順治十八年（一六六一），無不與荷印公司之記錄相合。一方面，廣東海防彙覽繼續援用各地方志述及楊彥迪之動靜：

> 順治十八年，賊楊二等寇海南，十一月，賊楊二、楊三等圍感恩城，泛舟至嶺頭，捨舟登陸，夜襲邊港、番人塘等村，三百餘人驅赴海岸，比曉寇船至，悉置舟中。（卷四十一，事記三，引崖州志）

兩年後，康熙二年（一六六三）楊彥迪及其同夥爲廣東平南王尙可喜所逐。（13）此後直至康熙十六年（一六七七），約十四年間，龍門爲清軍所保持。那麼，在此期間楊彥迪及其所部往何去？

茲有一事值得注意者，自永曆十五年（一六六一）鄭成功已從荷人手中奪回台灣，以爲反清扶明之基地；當其退據台灣，成功便設法招納南中國海之海上勢力，以增强其海軍。廣東海防彙覽（卷四十一）亦云：

> 初鄭成功遁入台灣，海上賊徒多奉其號令，

因此，我們相信楊彥迪在被逼撤離龍門不久，可能在康熙二年（一六六三）中，亦趕赴東寧，加入鄭氏之陣營。或者，在永曆十五年（一六六一）楊彥迪已奉鄭氏號令亦未可知，但目前尙無史文可徵。不管如何，嗣後楊彥迪爲鄭氏之禮武鎭總兵，率衆不時活躍於南海。

撤離龍門當時，楊彥迪及其部屬似乎與北圻之安南官憲維持密接的聯繫。據康熙四年（一六六五）三月戊戌廣東總督盧崇峻奏摺，楊二之部屬黃明標曾佔奪了黃占三（另一海盜）在西海之舊基地，並煽動遷民叛變；粵省當局曾派兵進勦，予黃明標所部九百多名之死傷。（14）其次，康熙五年（一六六六）五月乙未聖祖與安南國王黎維禧(Sic.)之上諭亦揭露楊二、楊三、黃明標等海賊頭目與冼彪之家眷正韜晦於北圻海牙州知州潘輔國處，曾獲糧食，

船隻及其他物質之補給；兩廣總督盧興祖曾派屬官抵潘輔國處要求引渡，然輔國持敵對態度，不但關閉城門拒見粵省官員，甚至將大礮指向他們相嚇；聖祖聞訊，便下諭安南國王命以卽刻將楊二等交附兩廣當局。（15）我們知道此道上諭於同年五月中在鎭南關已由廷臣交付安南官員，（16）然越南史書，一如中國史料，均無下文交代。據管見，這批人員之一部份在翌年（一六六七）春間似已撤離北圻，由冼彪之嚮導出現於高棉，不久便襲擊該地之荷印公司商館。（17）雖是，大多人員似仍留在北圻及粵海，繼續出擊東南沿海及海南島。（18）

康熙十二年（一六七三）十一月，吳三桂殺雲撫朱國治，起事於雲南，華南隨之騷然；翌十三年（一六七四）三月，福建之耿精忠響應；五月，台灣鄭軍入浙江泉州，取同安；六月溫州、浙江等諸營均叛變；十四年（一六七五）正月，耿、吳聯軍犯廣東連州；高雷總兵祖澤清亦叛，導致平南王尚之信於十五年（一六七六）二月亦參加叛變，所謂三藩之亂由此演成。

當此時期，楊彥迪所部亦爲鄭氏海軍有力之一翼而馳驅於戰場。康熙十五年（一六七六）正月，楊彥敵（Sic）之船隊合邱輝、洪邦柱及李虎諸隊攻圍碣石港，迫使程鄉總兵苗之秀降於鄭氏。嗣在同年二月間，楊彥廸船隊再參加廣東沿海靖海及虎門之戰鬥。事實上此一連串戰鬥曾引起尚之信之叛變，對於鄭氏及吳三桂之反清陣營貢獻不少。（19）再據延寶四年（一六七六）抵達日本長崎之廣東二十番船申口，在同年二月間，「楊氏總兵官」（卽指楊彥迪）曾奉東寧「錦舍」（卽鄭經）之命，正籌備攻取香山澳（卽澳門），然因平南王（卽尚可喜）及「安達王」（卽尚之信）已降服吳三桂，故該計劃暫時作罷。（20）

翌十六年（一六七七）五月，尚之信鑑於吳三桂勢力在廣東境內迅速的滋長，突然倒戈降於清軍；同月十九日，祖澤清遵尙之信之囑，擄三桂之廣東水師提督謝厥扶，隨之降服。（21）顯然的，乘此次廣東局勢的突變，楊彥迪之船隊，重新佔領龍門島。廉州府志曰：

康熙十六年丁巳夏五月，叛鎭祖澤清降，廉屬返正，海賊楊彥廸、冼彪復踞龍門刼掠，楊彥迪自康熙二年平藩擊敗後逃入閩中，至是自台灣駕賊船八十餘艘，率衆千餘人，航海復踞龍門島作亂。（廣東海防彙覽卷廿一，事紀國朝所引）

此時廣東之局勢極其混亂；祖澤清降清後，聖祖雖遇之尙厚，仍授高雷總兵，然翌十七年（一六七八）澤清在粵南再度叛變，聖祖才下令擒獲澤清。（22）我們認爲經過此事件後，楊彥迪之活動更加積極性及主動性，其部隊頻犯欽州及雷州。例如：

一、康熙十六年十二月（一七七八年一月），海賊楊彥迪突襲欽州。（23）

二、十七年（一六七八）三月，「祖黨土賊楊二」盤踞雷州府。（24）

三、十七年（一六七八）八月，海賊楊彥迪率部搶掠雷州府，爲守軍擊退，賊死傷千餘。（25）

四、十七年（一六七八）八月間，台灣鄭軍攻漳州、惠州、潮州告急，吳軍佔奪鬱林，急進梧州，賊黨擾掠高、雷、廉；加之，海盜楊二屢犯廣東沿海。（26）

上揭雷州府志文中既謂「祖黨土賊楊二」，當然可推想祖澤清與楊彥迪之間確存有密切之合作，而其關係似繼續至康熙十八年（一六七九）八月間祖澤清爲清軍擒拿時爲止。（27）據延寶六年（一六七八）由普陀山抵長崎之兩隻華船之「申口」，同年中，高州、雷州及廉州已陷於吳三桂軍；（28）翌年正月十九日離厦門赴日之延寶七年二番厦門船「申ロ」則稱瓊州府已由「錦舍」（鄭經）所屬之總兵楊彥迪所攻略。（29）這些消息清楚的揭露東寧之總兵楊彥迪仍盤踞龍門島；他爲配合吳三桂之軍事行動，屢次出擊廣東沿海及海南島，可見此時期楊彥迪之聲勢浩大，在華南大亂中演了一個特殊的角色。

各地方志繼續述及楊彥迪之遊擊戰。廣東海防彙覽（卷四十一）引澄邁縣志云：（30）

海寇楊二、楊三等駕船四十餘，衝入澄邁、石磢，由顏張港登岸，劫掠感恩，昌化海濱一帶，既而黎倚勾通土寇，自森山市焚掠至打鐵市，子女金帛，搜括無遺，又以舟重難行，揚言被擄子女許父母親戚持金往贖，否則投之海。

瓊州府志（卷十九）云：

康熙十九年，海賊楊二、謝昌（原注：番禺武舉水師謝厥扶子）駕數百艘，突入舖前港，海東、邁犢、演順、英草等居民悉被蹂躪，守備賈國棟捍禦甚力，賊不敢西浸；其巢在石牌港，水師王珍募閩商謝謙攻之，奪回被擄男婦數十人；十二月賊復寇澄邁，東抵舖前，濱海各州縣盡遭掠。

澄邁縣志又云：

康熙二十年二月，楊二、謝昌破海口所，三月三日飛船百餘號，自東水港抵蛋場，城守孫雲鳳、邑令呂登瀛棄城遁，賊入據焉，及官兵進勦，賊始退。（彙覽卷四十一所引）

至康熙二十年（一六八一）三月間，突有順德鎮總兵蔡璋由廣州督兵至海口，大舉進勦，楊二、冼彪及謝昌之聯合船隊受挫慘重，死六百，被擄三百，清軍獲三十隻船並破壞一百隻賊船，救回三千餘被擄難民，將之遣回原籍，（31）於是盤踞海南島之反清海上勢力被掃清。清軍再追擊賊船至龍門島，毀海賊基地，並將楊彥迪及其聯合船隊驅走。廉州府志及雷州府志均曰：（32）

楊彥廸敗走海島後為其黨王（Sic.）進所殺。

顯然，在海口及龍門雙重之敗衂已予楊彥迪之聯合船隊以莫大的打擊，並迫使楊彥迪率殘部離開龍門島。事實上「康熙二十年三月」為各地方志有關楊彥廸出沒華南沿岸記事之最後日期，此後楊彥迪不再返回龍門島或海南島，當然各地方志不再述及楊氏與其船隊之行踪。

三、楊彥迪所部南投之年代

撤離龍門後，楊彥迪及其所部之命運如何？粵海既無插脚之處，台灣及閩海亦非逃生之地，為他們安全計，祇有南奔之一途而已。那麼其年代為何？果如越南史書所載，為阮主「太宗己未三十二年（一六七九）」春季乃至夏季麼？為解答此問題，筆者擬提出若干新史料以便論考。

首先，我們在英國東印度公司東京（北圻）商館一六八二年三月與四月之日誌中發現一段有關大批中國武裝戎克船團出現於東京河（紅河）河口之記載。茲將該日誌原文摘錄於下：（33）

1682 March 9. This day we had news of 200 China Junks or better..... (being) neare Batsha, (34) which did extreamly perplex the King and Court, there being a fresh plat at that instant discovered, to which he thout they were confederate: it proved however that their business was only to baske for helly tymber, they being bound to Siam; but the wind being contrary, they were forced to put into Batsha in the hope of procuring provisions; in which however they were disappointed and were obliged to go away without obtaining any except what they took by force; and had this Kingdome been well furnished there with, the King darest not have consented to furnish their wants, least, the Tartar should heere take a disgust at him, and by violence take this Kingdome from him being at the best but a Tyrbutory Prince under the Tartar, as formerly under the Chineeses.

April 24. The China Junks before mentioned were 206 in number, they were cruising about to go to a place where they may provide Rice, they having forsooke Batsha, and the Allchor, (35) called by the Tonqueeners the Shy Ding Providence, and intended in 5 or 6 days more to part out of these ports. These 206 Junks or Vessells have but little in them but men with weapons and other provisions for war, with their wives and children which aboard with them, they being all forced to fly their country to save their lives, or other ways the Tartar have dispatched them off at once; for neither can or will that conquring tyrant endure any that withstand him, or that bere the name of long haired Chinamen, having brought all of them under his subjection and government, except Tywan, which we hear he hath sent a fllet of Junks (against) well manned this summer, and he intends to invade it.

中國武裝戎克船國在東京灣之逗留，另爲一六八二年三、四月間由北圻憲南（Hien-Nam 或稱 Hean）港渡海至暹羅之法國籍主教Mgr de Bourges所證實。一六八三年一月五號Bourges主教從暹羅寄給在法國胞弟之函云：（36）

Nous fûmes obligés nous-mêmes d'être les conducteurs de notre barque, et avec 9 pêcheurs tonkinois nous nous mîmes en mer vers le 15 de mars (1682)...... A peine étions-nous hors du port que le vent nous obligea de nous éloigner des bords du Tonkin et d'aller gagner l'île de Hainan, et par ce moyen nous évitâmes la rencontre de 80 barques et vaisseaux chinois qui étaient sur les côtes du Tonkin dans la route que nous voulions prendre. Nous avons su depuis que ces Chinois étaient des pirates; voyez je vous prie de quel danger la Providence nous a délivré. Tout le reste du voyage a été fort heureux. Du port du Tonkin jusqu'à celui de Siam, nous n'avons mis que 22 jours.....

中文譯：我們不得不自任爲所乘船舶之領港。約在（一六八二年）三月十五日，我們偕九個東京漁夫起行……一出港口，海風便將我船吹離東京海岸而駛往海南島；因此我們幸得免與盤旋在東京沿岸我們航路上之八十隻大小中國船團相遇；（及後）我們獲知該批中國人爲海賊，可見我主已從何等危險中搶救我們！其後之航海甚爲安適；從東京港口（即憲南）至暹羅港口（即大城）僅閱二十二天而已。

其次，我們不妨提出天和癸亥三年（一六八三）抵達長崎三艘中國商舶之「申口」：

一、五番暹羅船六月一日（陽曆一六八三年六月廿五日）之申口稱：（37）

東寧秦舍手下之禮武鎮之官楊二ト申者數年已來秦舍之下知ニヨリ度々東海邊之島々ニ罷在少々廣東之海邊

之地知行可仕覺悟ニ御座候得共，折々廣東之内地ヨリ兵船ヲ出シ追拂申ニ付，廣東之海上ニ永ケ滯留モ罷成不申，廣南表又柬埔寨等江折々漂罷在候。然ニ去年十一月ニ兵船七十艘餘，人數三千程ニテ柬埔寨江船ヲ乘入，柬埔寨之地ヲ借リ，暫時可罷在ト之事ニ御座候。

中文譯：東寧秦舍（卽指鄭克塽）所屬禮武鎭之官楊二者，數年以來奉秦舍命常往東海沿邊各海島，原擬佔據廣東海邊若干土地，然爲廣東內地（清朝官憲）屢派兵船出擊，故未能長期滯留廣東海上，屢次駛至廣南或柬埔寨。去年（卽壬戌，一六八二）十一月初，（楊二）突以兵船七十餘艘，人數約三千，駕船抵柬埔寨，意在借地爲暫居之計云。

二、十九番暹羅船七月十七日（陽曆一六八三年九月四日）之申口稱：（38）

東寧秦舍之手下禮武之官楊二ト申者之儀モ定テ先船ヨリ可申上候。東寧ヨリ諸方江往來之商船共爲加護，兵船七十餘艘，軍兵三千程ニテ間々廣東表幷廣南、東京、柬埔寨之邊海ヲ致巡廻罷在候所，當夏之初ニ柬埔寨江船ヲ乘リ入，柬埔寨之地ヲ借リ，少々休息所ニ可仕ト存，兵船共ヲ致引率，不圖柬埔寨之內地江船ヲ乘リ入申候。

中文譯：關於東寧秦舍所部禮武之官楊二者，諒已由先到之船（指五番暹羅船）奉告。爲保護由東寧來往於各地之商船，（楊二）以兵船七十餘艘，兵員約三千，不時巡迴在廣東、廣南、東京及柬埔寨邊海，及本年夏初，（楊二）突率兵船駛入柬埔寨內地，意欲借地稍事休息云。

三、二十五番東寧船八月十一日（陽曆一六八三年十月一日）之申口稱：（39）

秦舍覺悟之儀モ髮ヲ剃リ，內地江入可申モ相知不申候，又內地江入申沙汰及申候ハバ行末ヲ考江，秦舍同心不仕，幸手下之武將禮武之官楊一（Sic.）ト申者東埔寨ニ罷在候，此者之樣子者定而先船モ可申上候，此者東埔寨江在陳仕罷在申候而，東埔寨ニ志シ，東寧ヲ立退可申儀モ可有之，總而此比ニ罷成東寧モ上下萬民共ニ氣モ憶シ，勢モ失申候。

中文譯：秦舍原擬（投降清朝後）剃髮遷往（中國）內地，然又以遷居內地事爲將來計恐未得妥當，趁所屬武將禮武之官楊一（顯爲楊二之筆誤）者正帶兵留在東埔寨——關於此人之動靜，先到之船諒已奉聞——所以秦舍可能撤離東寧而奔往東埔寨，總之，到此刻東寧上下萬民均甚喪氣，毫無振作云。

一六八四年十月廿八日荷蘭東印度公司長崎商館新舊館長 Constantin Ranst de Jonge 及 Aendrick van Buytenhem 兩人向長崎奉行（鎮守）之呈報稱：據由廣州抵爪哇之中國商客稱，高砂(Takasago，即指台灣)之藩主（指鄭克塽）面臨清軍進佔澎湖（Hyo）後日益增大的威脅，將撤離台灣，而亡命於東埔寨云。（40）最後，我們提出更具有決定性之史料，即康熙二十二年十月丙寅（一六八三年十二月十六日）清朝征台之負責人福建水師提督施琅向清廷之奏文。該文報告稱：（41）

據劉國軒云，僞禮武鎮總兵楊彥迪一隊船䑸在廣南、東埔寨，僞水師二鎮總兵周雲隆船䑸一隊在舟山、房錫鵬一隊船䑸在浙江烏洋，察楊彥□(迪)妻子□□台灣，臣已令保釋安插，當俟正月間，遣人往調。其周雲隆、房錫鵬亦當遣人諭令來歸，如不歸順，應行浙江總督提督發兵撲滅。鄭克塽等興販外國船艘，已遣外委守備曾福等往察，悉令返棹。上諭：施琅遣官往察諸處船兵，具見籌畫周詳可嘉，此等現在海洋船艘僞官兵丁，其嚴加詳察，俱令速歸，務盡根株，勿得仍留餘黨，致滋蔓延。

據記明台灣鄭氏亡事（卷四），施琅之船隊於康熙廿二年閏六月廿二日（一六八三年八月十四日）進佔澎湖島，旋八月十一日（一六八三年十月一日）駛進台灣，接受鄭克塽以下大小官員之投降。此篇奏文乃在佔領台灣兩月半後發出，而其所根據者爲鄭氏軍事負責人劉國軒所言，可知其內容確實可靠。文中雖有三處闕字，但細察其前後行文，其意謂施琅提出此篇報告時楊彥迪之妻子尙留在台灣甚明。

我們承認上揭各節史文關於楊彥迪所部抵達東埔寨（南圻）之日期猶未充分透清。雖是，關於楊部移殖之動機與其異動之概況，也不難認出若干事實。茲列舉如下，以爲本篇之結論。

一、楊彥迪及其所屬船隊未如越南史籍之所載，於阮主太宗（賢王）之「己未三十二年」（一六七九）抵達廣南及東埔寨，殆無庸置疑。事實上，我們可證實早自康熙五年（一六六六）楊彥迪或其所部盤旋於北圻（東京），其黨徒在淵公河口之出現，亦可能自康熙六年（一六六七）則有之。由此可相信，如上舉赴日華船之申口，楊氏船艍乃承錦舍（鄭經）及秦舍（鄭克塽）之命，不時巡航南海以保護鄭氏商船，並時常在東京、廣南及高棉之港口出入。其另一目的顯爲確保廣東沿海之若干島嶼以爲鄭氏向大陸進攻時之跳板或擾亂閩粵沿海之基地。其佔據龍門實具有此種戰略意義。三藩之亂（一六七四——八三）期間，楊彥迪以明鄭禮武鎮總兵，率衆參加粵省沿海與海南島之戰鬥。值得注意者，常與楊彥迪結伴的謝昌爲吳三桂水師提督謝厥扶之子，足見楊氏與吳三桂之間直接或間接地曾有相當程度之聯繫，尤在康熙十六年至廿年（一六七七——一六八一）之四年間，楊彥迪在粵海之舉動很可能生起一個假設——一如 Ch. B. Maybon 之推想（42）——以楊氏船隊爲吳三桂水師之一部。然據上文所考，楊部雖在三藩亂中，頻與吳三桂軍合作，但仍爲東寧鄭氏水軍有力之一翼。

二、關於楊彥迪所部歸投廣南並入殖南圻之年代，目前我們猶缺直接史料予以論定。如上文所述，高棉年代記爲「約在一六八〇年」，而越南史書則一致爲「己未年」（一六七九）。以目前史料，雙方所說均未能證實。當然嘉定通志城池志所載：「太宗己未三十二年春二月十八日」，爲一個具體的、仔細的年代，值得我們注意，可惜，中日史料之所載均與之不合。例如：

甲、據中文史料，在康熙十八年（一六七九）前半，至晚到同年八月間（陽曆自一六七九年九月五日至十月四日）祖澤清爲清軍捕虜以前，楊彥迪仍然盤踞龍門島及其附近；而當時局勢並無任何理由迫使楊彥迪捨龍門而奔走廣南或高棉。

乙、越南史書一致以楊彥迪爲「龍門總兵」，但中日史料均未予證實。反之，華夷變態則以他爲鄭氏「禮武鎮總兵」。一方面，越南史書以陳上川爲「高雷廉總兵」，但中日史料同樣未予證實。因此可推想，越南史書上之職稱，非明廷或台灣鄭氏所授，可能爲他們之僭稱或吳三桂所予者。加之，我們必須指出，直至康熙二十年（一六八一）九月，「高雷總兵」事實上爲祖澤清，而照雷州府志（卷三），楊二（卽彥迪）爲「祖黨土賊楊二」，再細察這些人物間之利害關係，可知祖澤清在高州及雷州猶維持勢力時，陳上川殆無自稱「高雷廉總兵」之可能。

丙、假使楊彥迪及其船隊確在一六七九年前半年入殖南圻，那麼爲何同年六月廿六日（陽曆八月三日）及七月廿九日（陽曆九月三日）抵長崎之八番暹羅船及二十番東埔寨船之申口（43）均述及高棉正王與二王間之內戰而未言及在南圻（卽高棉東南部）之楊彥迪部隊？相反地，同年正月十九日（陽曆一六七九年三月一日）離廈門赴長崎之廈門船商客們却稱：他們在當時風聞去年冬間高州府及欽州府已爲錦舍(鄭經)屬下之「總鎮官楊彥迪」所佔據；(44)可想見楊彥迪在一六七九年初仍未放棄龍門。總之，在康熙己未十八年（一六七九）春間或夏間楊彥迪、陳上川等人南投廣南，再承阮主賢王之命入殖南圻之說實屬可疑。據管見，卽使有，也可能如上揭天和三年（一六八三）五番及十九番暹羅船申口所述，係在楊氏船團巡洋途上暫時性之寄港而已，並非歸投阮主之行動。

三、雖然上揭英國東印度公司東京商館之日誌未載楊彥迪之名，亦未闡明該船團之來源，但已講明他們爲避免清軍之追擊而被迫離鄉逃命，且北圻當局亦因怕惹起清廷之麻煩，故不敢提供任何補給予他們，可知自一六八二年三月九日至四月廿四日之間停泊於紅河河口二〇六隻船團之一部乃至全部爲南奔途上之楊彥迪所部，實無庸置疑。如上文所述，康熙二十年（一六八一）三月間在海口及龍門雙重之敗衄已迫使楊氏與其所提攜之海上勢力撤離粵省沿海。至其船艘之數目，東京商館日誌之數目（二〇六隻）一見頗爲龐大，但無不接近A. Leclère高棉史所舉之原數目（二百隻）。De Bourges 主教所言之「八十艘大小船隻」當然指其船團之一部而已。那麽，何故二百隻之大船團抵達廣南與南圻時祇剩五十餘艘（越南史書）乃至七十餘艘（華夷變態）呢？刻下我們尙缺史料以揭開其謎，祇好暫照 Leclère 高棉史之所載，以其一部爲暴風所毀，或者可推想其船團之大部已離散，分批奔於東京、廣南及暹羅各地。蓋上述東京商館一六八二年三月九日之日誌亦稱該船團之目的地爲暹羅，所以如此推測並非無根之說。

四、我們充分瞭解楊彥迪船團大舉歸投廣南時賢王驚惶躊躇之心情。嘉定通志（疆域志）云：「時以北河（卽北圻鄭王）屢煽，而彼兵遠來，情僞不明，況又異服殊音，猝難任使，然他窮逼奔投，忠節款陳，義不可絕」，因而尋出最妥當的辦法：就是，不如因彼之力，令往柬浦寨地方，委之闢地以居，拓土効力。再根據上擧天和三年五番及十九番暹羅船之申口，我們想像楊氏之船隊（搭載三千兵員及其家屬）分兩批而到達南圻。首批於天和壬戌二年（康熙廿一年）十一月間（陽曆一六八二年十二月間）；第二批於天和癸亥三年（康熙廿二年）夏初（陽曆一六八三年五月間）；而此兩批亦可能與越南史書上之兩批：卽入殖美湫之楊彥迪所部與入殖邊和之陳上川所部相合。（45）

五、鑑於東寧鄭氏降清之前夕，在台灣及廣州均有鄭克塽將亡命於柬埔寨（高棉）之風說，台灣歸清時楊彥迪之妻子尙留在台灣，加之，楊氏船䑸在廣南及柬埔寨之事曾由鄭氏軍政負責人劉國軒報告給施琅等等之事實，我們可斷言楊彥迪所部之移殖南圻確在康熙二十二年（一六八三）八月鄭克塽降清之前，且其南移之計劃卽非奉鄭克塽之命，也獲東寧當局充分同意之下而予以實現者。

六、楊彥迪及陳上川一行向廣南阮主歸順並臣屬之事，祇見於越南史書，中日史文均未透露。惟鑑於他們移殖南圻後之動靜及阮主與他們間密切之關係（詳於下篇），我們似不便否認其事。

附註

註一　關於十六世紀當時這種歐人與中國海盜合作之若干例子見於 C. R. Boxer, South China in the Sixteenth Century, being the narratives of Galeote Pereira, Fr. Gasper de Cruz, O. P., Martin de Rada, O. E.S.A. (1550-75), London (Hakluyt Society). 1953 之序文中 (p. xvii-l).

註二　Victor Purcell 氏以中國移民進出東南亞各地之主因爲中國內部之動亂，特別是鄭成功之抗清運動所引起之不安局勢。參看 V. Purcell, The Chinese in Southeast Asia, Oxford University Press, 1952, p. 31.

註三　關於睿宗以前廣南歷代阮主之紀年，大南實錄前編與嘉定通志之間有一年之差異，蓋因前者以繼立之次年爲元年，而後者則以新王繼立之年爲元年。

註四　阮主之正營分爲三司：一、舍差司，長官爲都知及記錄，掌管阮主之令旨及各種文書；二、將臣吏司，長官爲該簿，掌管徵稅及分發糧食物料事務；三、令史司，長官爲衙尉，掌管祭祀及財務。參看 Tran Trong-Kim, Viet-Nam Su-luoc, Hanoi, 1954, p. 324.

註五　陳上川所部之入殖地事實上爲邊和（Bien-hoa），並非婆地（Baria）。

註六　Aubaret 之法譯本爲同年五月，未詳其根據。

註七　撫邊雜錄祇載「明逋臣龍門將軍楊彥迪」之名，不見其他三名。

註八　廣東海防彙覽卷四十一所引陵水縣志；瓊州府志卷十五，15a。

註九　彙覽卷四十一所引崖州志；瓊州府志卷四十二，28a。

註一〇　彙覽卷四十一，6a。

註一一　彙覽卷四十一；據廉州府志（卷廿一，40a），龍門敗退後，鄧耀走於廣西千隆山佛寺，於此被清軍擒獲並被處刑。然據尚可喜順治十七年九月丁卯之奏摺，鄧耀由海康逃亡交趾（世祖實錄卷一四〇，9a）。

註一二　W. J. M. Buch, La Compagnie des Indes Néderlandaises et l'Indochine, BEFEO., t. 37, p. 144.

註一三　欽州志卷十；廉州府志卷廿一，40b。

註一四　聖祖實錄，卷十四，25b。

註十五　聖祖實錄，卷十九，4a-4b：「黎維禧」之名顯爲「黎維禑」（卽黎玄宗一六六三——七一）之訛。至於「海牙州」，亦可能是「海東州」之誤，蓋因北圻向無「海牙州」，而海東州與欽州極近，管内有澫寧、雲屯等重要港口，爲華船常販之處。參看盛慶紱，越南地輿圖說，海東府條。

註十六　大越史記全書，本紀續編附錄，8b。

註十七　自從鄭成功逐荷人，光復台灣後，東寧與荷印公司間常存着一種敵對關係；荷印公司船隻襲擊鄭氏商船之事件時常發生。迨一六六七年春間，突有一Piauwya者（彪爺？）爲鄭氏之黨徒，率領五十六名華人來至高棉，揚言於年中將有三千華人續至。Piauwya故意與荷印公司高棉商館爲難，屢向該公館勒索，後於一六六七年五月廿六日夜間率衆襲擊該商館，殺館長Ketting以下數名館員並搶奪巨額之金錢及財物；結果迫使荷印公司不敢再開設商館在高棉。參看W. J. M. Buch, loc. cit., t. 37, p. 234-235.

註十八　例如康熙十二年（一六七三）楊二襲擊海南島舖前港，擄數百男婦以歸。瓊州府志，卷十九15b；卷四十二，30a。

註十九　江日昇，台灣外紀，卷七。

註二十　華夷變態，卷四，47a-47b：據同年八月五日（陽曆一六七六年九月十二日）由廣南抵長崎之二十二番及二十三番廣南船之申口，有一海賊「楊八」者率數十隻船，數百部屬於同年抵達高棉，聯合二王進攻正王。正王懼手下軍勢單薄，便强迫徵發前年駛至高棉貿易五隻華船之商客們從軍，不久擊退楊八與二王之聯合軍於湄公河江口（參看華夷變態，卷四，50b-51b）。據管見，上文中之「楊八」必是「楊二」之筆誤，易言之則該事件爲楊彥迪船團巡行南海途中所發生之一事件；即使楊八非爲楊二，也無疑地爲楊彥迪之同黨。關於華夷變態及所謂「唐船申口」或「唐船風說」之起源及內容，參看拙著「清初華船之長崎貿易及日南航運」，南洋學報，第十三卷，第一輯。

註二一　平定三逆方略，卷卅一，3b。

註二二　平定三逆方略，卷卅一，12b；卷卅六，13b。

註二三　聖祖實錄，卷七十，12b。

註二四　雷州府志，卷三，25b。

註二五　聖祖實錄，卷七十六，5a-6b；廉州府志，卷廿一 43a；瓊州府志，卷十，30b。

註二六　平定三逆方略，卷四十，5b-6a。

註二七　平定三逆方略，卷四十七，11a 所收廣東總督金光祖之奏文。

註二八　華夷變態，卷五下，35b。

註二九　華夷變態，卷七上。

註三〇　同文又見於瓊州府志卷十九，16a；感恩縣志，卷十二，6。

註三一　聖祖實錄，卷九十六，6a-6b；廣東通志，卷二六一，8a-8b；瓊州府志卷三十一，29b-30a；卷四十二，31b。

註三二 廉州府志，卷二一，43b；雷州府志，卷三，26a-26b；楊彥迪爲其副將黃進所殺之經緯待下篇再述。

註三三 Abstracts of the Tonquin Factory Journal Register from 1681 December 15 to 1682 July 28, Books Record from India, No. 210-241. 英國東印度公司之東京商館設在憲南（Hean），卽上山南省之首府，爲現今興安（Hung-An）稍北之仁德鄉。

註三四 "Batsha' 之名，W. Dampier叫作"Batcha"，一七七五年出版之一部東印度及中國航路誌則稱作"Basta"；顯爲太平河（紅河支流）河口附近，先朗縣白沙村之譯音。參看 Ch. B. Maybon, Histoire moderne du Pays d'Annam, appendice, p. 407-408.

註三五 Prévost, Histoire générale des Voyages, IX, p. 95 所收之十七世紀東京河圖則作 "Alcron'，爲太平河口附近之一小島。

註三六 Archives des Missions Etrangères, vol. 680, p. 18; Adrien Launay, Histoire de la Mission du Tonkin, Documents historiques, I, 1658-1717, Paris, 1927, p. 225.

註三七 華夷變態，卷八，中。

註三八 華夷變態，卷八，中。

註三九 華夷變態，卷八，中。

註四〇 板澤武雄，阿蘭陀風說書之研究，一九三七年，頁一一六——一一七。

註四一 記明台灣鄭氏亡事，卷四，5a-5b。

註四二 Ch. B. Maybon, op. cit., p. 119, Note 2.

註四三 華夷變態，卷七上。

註四四 華夷變態，卷七上。

註四五 茲有若干跡象令人相信早於辛酉年六月間（一六八二年七月五日至八月二日），已有楊彥迪船團之前鋒部隊抵達高棉。據貞享元年（一六八四）五番廣東船之申口，於辛酉年六月初五該船商客由高棉返航廣州途上，於高棉近海為「賊船」襲擊，被擄取所有載貨及船隻，惟商客則被釋回。及後由「廣南王（即指阮主賢王）出面周旋，經過近一年調停，海賊們始將該船交還，因之，翌年六月廿五日（陽曆一六八三年七月十九日）商客們搭其船離廣南會安航返廣東。（華夷變態，卷九）。此事件當可證實一六八二年六月間出現於高棉沿海之賊船為歸屬阮主之船隻，由此可推知該批賊船為楊彥迪船團之一部，如是則該部可能在同年，離停泊於東京灣不遠之時期，投歸廣南。

附記

本文之寫作先後承巴黎亞洲協會圖書館及台灣大學圖書館賴永祥、曹永和兩位先生貸與史料及賜教，茲謹向該圖書館與兩位先生深謝。

筆者誌

一九六一年七月廿日　於越南大叻

清初鄭成功殘部之移殖南圻（下）

陳荊和

目次

四、高棉政局之分裂與明鄭部隊之拓殖（一六八二—一六八五）

擁有五十至七十艘船、三千餘弁兵及眷屬之楊彥廸及陳上川所部船隊之抵達東浦，顯然對於高棉王國形成一件莫大之威脅；清廷及暹羅當局亦甚爲關懷，不斷注視其動靜；至於順化之阮府則因擺脫此批大船隊之糾纏而頗覺輕鬆。鄭懷德撰嘉定通志（以下簡稱通志）卷四疆域志曰：

時以北河（筆者注：即指北圻之鄭主）屢煽，而彼兵遠來，情僞不明，況又異服殊音，猝難任使；然他窮逼奔投，忠節欵陳，義不可絕，且高蠻國東浦地方沃野千里，朝廷未暇經理，不如因彼之力委之闢地以居，斯一舉而三得矣。

此段史文已將阮府之態度清楚地道出，我們不難推想鄭氏所謂「一舉三得」當意味由於採取這個措置而阮府可以達成下列三點目標，即（一）盡了道義上責任及地主之誼，（二）藉此扶植勢力於東浦地方以及（三）隔離此批情僞不甚明瞭之武力集團。如上文所述，賢王一決定差遣楊部往東浦，即派舍差司官員文貞（缺姓）及將臣吏司官員文昭（缺姓）賫遞諭文給高棉秋王（即匿秋，Chey-Choetha IV）要求割地安插，結果楊彥廸所部入殖美湫，而陳上川所部則入殖盤轔（邊和）（1）。歷朝雜記（卷一）畧述楊氏船隊抵達高棉後，繼曰：

廸、進（筆者注：即楊彥廸與黃進）等與高棉結爲兄弟，歲修貢獻於勇國公（即賢王）焉。

此條史文令人推想南來之華人部隊與高棉王廷間之友好關係，但實際上事態之演變並非如此簡單且輕易。值得注意者是此段引文中之「高棉（王）」乃指在柴棍之高棉二王匿嫩（Angk Non），而此人與正王匿秋正在敵對，所以楊部抵東浦後，與之結盟者是親阮之二王匿嫩，並非一向親暹之正王匿秋。茲摘錄天和三年（一六八三）由暹羅航抵日本長崎之兩艘華船（五番及十九番暹羅船）之申口（報告）以資參考。兩船之申口均提及楊部之抵達高棉，繼述高棉正王匿秋周章狼狽之窮狀。五番暹羅船申口云：（2）

柬埔寨之屋形楊二之勢攻來ると心得，柬埔寨を明ヶ人民共に悉奥之山中に引籠り申候。惣而柬埔寨之儀軍民共に數千には至不申候由に御座候，依夫右之通山中に逃げ退申候事に御座候。然るに付楊二元より柬埔寨を敷取申覺悟に而無之より，山中に使者を立て是非歸國有之候樣にと屋形江申遣候得共，誠と存不申，山中より出不申候故，楊二之勢今程は柬埔寨に在軍仕候。此段暹羅國に相聞江申に付暹羅之屋形より態々迎船を遣し，楊二方に申越候には，其元柬埔寨之儀は人民も無之，兵糧も續申間敷候間，是非此方に罷參可給候，左候は國中之軍勢をも賴度之由罷申越候得共，楊二元より東寧方之者に而海上之諸勢を承罷在候に付，致辭退，暹羅江は參不申候。其使者歸帆之船に私船出船之節暹羅河口に而逢申，右之樣子承申候。

（中譯）柬埔寨王（即高棉王）以爲楊二（即楊彥迪）所部來攻，故撤離柬埔寨（城），偕人民悉數逃匿於內地山中。據說柬埔寨軍民總數不及數千，故可隨時逃避入山。不過楊二本無佔取柬埔寨之意，故派使前往山中，懇請國王返駕。惟國王不予置信，未肯下山，任由楊二所部仍然駐軍柬埔寨。此訊傳至暹羅國，暹羅國王特地派出迎接之船隻（往柬埔寨），向楊二勸告曰：柬埔寨人民既少，兵糧亦不足，務請前來本國，當可借重於本國軍隊。窃以楊二本爲東寧（即指明鄭時代之台灣）

之部屬，會統率海上諸船隊，故拒其請，不肯赴暹。當本船（指五番船）啓程時，於暹羅河口（即湄南河口）與（暹羅）國使所乘之船相遇，因獲悉此項消息。

十九番暹羅船之申口則稱：（3）

柬埔寨之儀邊鄙之國に而，惣而人民迄も少き所に而御座候に付，屋形を初め諸官に至迄楊二勢に驚き，攻來候と存申候歟，屋形は奥之山中に引籠り申候。依夫楊二儀私共出船仕候迄も柬埔寨に寄住仕罷候。元より柬埔寨を取敷申本意に而は無之に付，人民を害し申事も無御座候。右山中に罷在候屋形江も使者を遣し，御國を妨事に而は無之候間御出候得と申遣候得共，屋形疑之心ふかく御座候而出不罷申候。右柬埔寨之儀も他之國程御座候而取敷可然所に而御座候者，楊二ためには天のあたふる儀にて御座候間，屋形立のき罷申候を幸に致し，不及軍戰にも取得申候。仕合之至に御座候得共，惣而柬埔寨之儀は柬埔寨人國主に成不申候得者不成所に而御座候。他國より國主に成申事前代より無御座候。勿論唐人國主に成申候事も不成儀に御座候。他國より自然暫時に而も取敷申樣子も御座候得者，國之土産之諸色も無之，人民歸服不仕候而，所勢之物少も出不申候。依夫右楊二事本意は柬埔寨を取敷申との事に而無御座候。今度楊二柬埔寨に罷在候儀暹羅屋形に相聞申に付，屋形より楊二に使官を差遣し申入候趣は，其元柬埔寨之儀は此方屬國に而御座候，殊に此方と柬寧之儀は互に好之有る兩國に而御座候，貴殿御事柬寧之御手下に而御座候得者，定而御異心之儀御座有間敷候承申候得者，今度其元江寄住有之由に在候者，必柬埔寨之人民御妨給間敷候者，何に而も不如意之事候者，此方に可罷依候，左候者此方領內江成共御來臨可有之と申遣候所に，楊二返事にもいかにも御來意之通得其意申候，元より國に妨可仕覺悟有之入船仕候に而も無御座候，御氣遣爲之間敷候，御國に罷渡り候樣にと被修候，其段にも及不申候，暫時此元に罷在候者，追付東寧に歸國可仕覺悟に候條，其元には參申間敷と申來候。依夫東埔寨も別儀無御座候。

（中譯）柬埔寨爲一邊鄙之國家，連人口也稀少之處，所以上自國王下至各官均被楊二之軍勢嚇倒，國王疑楊部來攻，便逃匿於內地山中。因此，在本船起程時，楊二仍駐兵於柬埔寨。（楊二）本無侵佔柬埔寨之意，故未曾傷害人民。（楊二）曾派人向山中之國王解釋稱伊等實無意擾亂其國，並請返駕，但國王疑心至深，仍不肯露面。竊以柬埔寨幅員大致與其他諸國相同，當可佔而據之，（此次對於）楊二實一天賦之良機，乘國王蒙塵之際，不損一兵而取得其國，實屬僥幸之至。然而柬埔寨者非柬埔寨人當王則不成體統之處，未曾有外邦人士稱王之例。當然唐人爲王亦行不通，即使外邦人暫據其地，但國內之土產既少，百姓又不馴服，則更無法獲得補給，所以楊二並無意佔取柬埔寨。此次楊二來柬之事聞於暹羅國王，暹王曾派使官至楊二處，告稱：柬埔寨向爲鄙國屬邦，尤以東寧與鄙國一向友好，足下爲東寧屬將，定不會懷有不軌，但足下如想逗留該處，柬埔寨人民必起而抵抗，從長計實屬不智之舉，不如來臨鄙國境內較爲兩便。楊二答覆稱：本當遵命，惟鄙人等無意擾亂柬國，請勿見怪，又蒙邀前赴貴國，竊想尚無此需要，祇想暫留此地，不久將返東寧，故未便前往貴國。因此，柬埔寨不至發生什麽異變。

按暹羅阿瑜陀耶朝歷代國王一向視高棉爲藩屏，此爲近世以來暹廷一貫之傳統性對棉態度。當時之暹王 P'ra Narai（1657—1688）是一位外交上頗有作爲之君王，正在盡力拉攏路易第十四時代之法國政府，欲藉法人勢力以牽制荷蘭東印度公司在暹經濟界之跋扈。當然 Narai 王不能袖手旁觀楊部之開入高棉，因之，便派使赴高棉慫恿楊氏一行離棉來暹，但爲楊彥迪所拒。上引兩篇暹羅船申口均可揭曉楊彥迪及其部下寧願留在國力孱弱之高棉，而利用其國內動搖不定之局面以策發展。

關於清廷之態度，上引康熙廿二年十月（一六八三年十二月）間施琅之奏文已暗示將派人諭令楊部及東寧販外國船艘之歸附，以副聖祖根絕明鄭海上勢力之意。事實上有不少跡象證實此種方策確由施琅付諸實行。貞享甲子年（一六八四）十二番廣南船之申口云：

東寧秦舍大清に降參被致候に付，大清方之大將，施琅と申官より船一艘，廣南江越罷申候，則其船に施琅より之使者兩人，壹人は賞功廳と申官號に而，名は楊安舍と申候，今壹人は蔡榮官と申候，是は無位に而，右之使官之副使に罷成被罷渡候，別之子細に而も無之，秦舍之商船十艘余方々江打散罷有に付，施琅方江招寄せため指越被申使官に而御座候。廣南江被乘渡候元船は厦門江致歸帆候に付，今度私船に便乞，秦舍手之者相添罷渡仕申候，御當地に而秦舍手之船共江爲告觸に御座候。（4）

（中譯）由於東寧秦舍（即鄭克塽）已向大清降服，清方大將施琅便差派一艘船前往廣南。該船載有施琅之兩名專使，一名爲賞功廳官員之楊安舍，另爲蔡榮官，此人無官銜，以充副使抵達（廣南）。其目的不外勸告在海外各地秦舍所屬十餘艘商船歸投施琅。因使者所乘原船已返厦門，故該兩使者及秦舍人員改搭本船同來，以便向停泊貴國（即指日本）之秦舍船艘傳達通令云。

海國聞見錄之撰者陳倫烱亦在其書之自序中述及其父陳昂曾隨施琅參加征台之役，及明鄭歸服後，復承施琅之命，前往南海各處訪查隱匿各海島之鄭氏殘部，爲時五年之久；（5）由此可推知淸廷曾採取較温和之招撫政策，派出若干官員以促使鄭氏殘部歸順。（6）不過，如此措置對於殘留柬埔寨之明鄭部隊並未發生效果。康熙廿四年（一六八五）三月十三日施琅之海疆底定疏就稱：（7）

今德威遠播，四海歸心，惟南之柬埔寨尚有僞鎮楊彥迪下餘孽黃進聚艘百餘號。

可知楊部已爲環境所逼，決意下居東浦，並盡其所能展開軍事、拓殖及經濟活動。關於他們活動之史事，中、日、越、柬各種史料之內容至爲分歧，甚至互相矛盾，令人不易窺見可靠之具體事實。就一般情形而言，華夷變態所收錄各販日唐船之申口大致可以補充大南實錄前編（以下簡稱實錄前編）及其他越南史料之缺，但是高棉之編年史所載之年代未必與實錄前編或唐船申口之所載符合；雖是，由於各種史料之互相引證，我們尚可尋找楊部南移後大約三十年間事績的概況。玆參考各種有關史文，就南移明鄭部隊之活動以及圍繞他們之高棉及南圻情勢畧予論考。

如上文所述，自從一六七四年之匿烏苔（Neak Angk Chey）叛亂事件以來，高棉分立兩王，即正王匿秋（Angk Saur，或Chau Ponhea Sor，或Nac Son，王號爲Chey-Choettha），都於龍澳(或稱幽東，即Oudong)；二王（副王）匿嫩（Angk Non，或Nac Non，或Preah Keo Fa）則駐於柴棍（即今西貢、提岸地區）。據實錄前編所誌，廣南阮主此種措置目的在加强控制高棉，使兩王均向阮主稱臣納貢；不過事實上，正王匿秋也向暹羅阿瑜陀耶王廷稱臣，暹王視同卵翼，因之，演成了暹羅及廣南兩勢力在高棉對抗之局面。華夷變態所收由；羅、柬埔寨及廣南各地來販日本長崎之唐船申口普通稱匿秋或爲大王，或正王，或山王，或六輸（NacSaur）暹一面，稱匿嫩爲二王，或水王或六恁（Nac Non）；至於兩王間之親屬關係，各篇申口或爲兄弟，或爲「嫡子屋形」（即嫡出之國王）與「庶子屋形」（庶出之國王）。實錄前編祇稱「匿秋」爲「嫡派」，並未講明兩者間之親屬關係；Leclère 所撰之高棉史則以兩人爲堂兄弟；以此種種推之，視兩人爲異母兄弟似較妥當。

正、副兩王於一六七九年間曾發生過一次衝突。其始末雖不見於實錄前編，但 Francis Garnier 之高棉編年史却有提及，其文曰：（8）

> 匿嫩（Angk Non）與國王匿秋（Chau Ponhea Sor）相戰。國王曾向暹羅乞援。暹王由海陸急派援軍赴棉。此事曾發生於一六七九年，結果匿嫩敗退，奔於交趾支那（即廣南）。

Nicolas Gervaise之暹羅王國史亦曰：（9）

> 兩王間之戰事極其慘烈。匿嫩（Nac Non）自覺軍力不夠，便向交趾支那王（即阮主）求援；匿秋（Nac Son）亦感不安，便接受暹羅王之保護，由暹王接濟金錢及軍援。雙方經過一次激戰後，匿秋獲勝，擊走了交趾支那軍，並逼匿嫩率衆逃亡於交趾支那。

可知阮主曾插手一六七九年兩王間之交戰，並可推知二王匿嫩自該年亡命於順化，或者留在南圻之阮氏屬地。賢王之差派楊部入殖東浦，表面上雖說「闢地以居」，但事實上等於增强匿嫩之戰鬥力量以反擊匿秋，並恢復阮主在高棉之聲望，實可謂一種非常巧妙之措置。果然，楊彥迪所部一到達東浦，高棉兩王間勢力之均衡就被打破了。Leclère高棉史曰：（10）

> 這批華人便與佔據該地之越人勾結，但對當地土著，尤對高棉官員則非常不友好。他們不斷滋事，無意安居樂業；其蔑視當地法規比越人更甚。他們仍然結羣而居，不屑爲高棉籍民，令人猜疑他們不願與土著相處而我行我素。當一六八二年遜王(Obayureach)匿嫩決意與國王（即匿秋）攤牌時，這批華人便在Bangkon率領之下，自願爲匿嫩効勞；復有避亂來棉之占人（Chams）響應；於是匿嫩先發制人，先後畧取巴忒（Bassak）、Preah Trapeang、金邊（Chado Moukh，即Phnom Penh）及幽東諸城。國王被攻於不備，無法拒戰，當匿嫩之軍剛離金邊，國王則棄幽東城，而逃往Samrong Tong省之Tranam Chroeng村。但不久，國王以民兵及少數暹羅援兵擊破敵軍；華人部隊不支，遂放棄遜王而走，遜王則奔於Koh Teng（即嘉定），並隱匿於該處（一六八四年）。因此，國王駕返幽東城（一六八五年）。

Gervaise之暹羅王國史亦在上引文之後，繼稱：（11）

> 不過，匿秋未能長期享受此次勝利所携來之和平。僅閱兩、三載，被韃靼人（即指滿清）所逐之三千華人南來加入越人與匿嫩之聯軍。匿嫩恃此捲土重來，屢破匿秋，來援之暹軍也被打垮，匿秋不得不逃匿於森林。匿秋面臨絕境，只好再向暹王伸手求援。暹王却樂於冒險，便派五百精兵赴棉，但衆寡不敵，幾遭全軍覆滅……以上是一六八五年底我（指Gervaise本人）留暹時所聽聞有關高棉戰爭

之最新消息。當我離暹時，暹王正在籌備由陸路增派一萬八千士兵，由海路派出四、五艘由葡人及英人（傭兵）指揮之大船及六十艘大戎克船急援高棉正王，人々都以不安之心情期望此次遠征之成功。

上引癸亥年（一六八三）五番及十九番暹羅船之申口均稱因楊部之抵達高棉，正王匿秋驚惶之餘避居山中，雖經楊方促駕返都，仍未敢露面；一面暹王亦派專使來棉勸諭楊部撤離高棉前往暹羅。按五番船於五月廿八日離暹（即阿論陀耶京，僑胞稱大城），同年七月朔日抵長崎，而其所報消息是在湄南河口從暹羅使官之所聞；一面十九番船於同年閏五月廿六日離暹，七月十四日抵日，其消息之來源當是從高棉返國後之暹使，可知兩篇申口所言者不外是同年（一六八三）前半年高棉之實況。再看 Leclère 與 Gervaise 兩人之所誌，我們不難認出其間顯然有重複之處；前者謂一六八四年間正王及暹羅援兵曾擊退楊部及匿嫩；反面 Gervaise 則稱一六八五年底當時正王尚未扭轉劣勢，暹王正擬派出大批軍隊赴援之。綜考這些史文，可知一六八二年十二月間楊部一到東浦，便與二王匿嫩聯合，進而反擊匿秋，並佔領了其都城幽東。楊部佔領此城兩年多，到一六八五年，可能爲了發生黃進殺害楊彥迪之事件（詳於後文）而退返美湫，盤據前江々口一帶之地方。

關於楊部在美湫活動之情況，越方史料之中衹有通志（卷六）城池志定祥鎮條畧有提及；其文曰：

世宗己未三十二（一六七九）年五月文貞經引龍門兵弁船艘進營于美湫地方，起房舍，集華夷，結成廛里。暨顯宗（即明王，一六九一——一七二五）時，於市北立爲府治，隸藩鎮營。（12）

一面，W. Dampier 之旅行記亦引曾指揮暹羅戰船襲擊楊部據點之英籍船長 Howell 之言，稱：（13）

這批中國海盜們（即指楊部）在湄公河口附近之一砂洲建設鎮市，周圍以大木設柵，嚴密設防…

他們携帶各種農具，且其附近之地極其肥沃；據英人（船長）所言，倘有恒心，他們必可過着安逸之生活。可惜他們依然携帶武器，且視武器重於農具，所以他們過着幾近掠奪之生活，不斷地刧掠鄰近之商民。

可知楊部抵達美湫以後，不會鬆解防務，雖起房舍，結成市鎮，但無暇從事稼穡。據管見其搶刼之對象必定是往販高棉之中，暹商舶，因而引起暹羅船隊之報復性攻擊（詳於下文）。楊部之如此行動固因其好戰性所致，但也是環境所迫之自衛行動吧。

至於陳上川所部入殖之邊和大舖洲，通志（卷六）城池志之所誌較詳；該志邊和鎮農耐大舖條曰：

農耐大舖在大舖洲西頭，開拓初陳上川將軍招致唐商營建舖街，瓦屋粉牆，岑樓層觀，炫江耀日，聯絡五里，經畫三街。大街舖白石甃路，横街舖蜂石甃路，小街舖青磚甃路，周道有砥，商旅輻輳，洋船江船收風投碇，舳艫相啣，是爲一大都會，富商大賈獨此爲多。

此文所指者雖是十八世紀中葉西山之亂勃發以前之情況，但足以想見該舖建置之輪廓，惟陳上川時代之建築而仍有所存者，僅有邊和鎮關帝廟而已。通志（卷六）邊和鎮關帝廟條曰：

關帝廟在大舖洲南，三街之東，面瞰福江，殿宇宏麗，塑像高丈餘，後觀音觀，外包甎牆，石麟蹲於四隅，與大街西頭福州之會館、東下廣東之會館爲三大祠。經西山亂，人民離散，三（二？）祠毀廢，惟此是本舖公共之廟，竟得獨存。世祖己未二十二年（一七九九）秋，鎮邊大水，像被浸壞，而棟樑簷瓦以經年多所朽弊。丁丑嘉隆十六年（一八一七）鄉人會謀重修而力不逮，懇臣做主，以臣舊貫之所在也。初臣口勉許諾姑以悅之，而心猶未果。及其撤下正樑，上有附釘一板，雖蟲蠹並已侵蝕，而字刻宛然，止爲香燈烟霉久所薰黑，令輕加洗刷，及細觀之，其漆髹堅厚，字刻分明，前列主會八名，間有臣顯祖姓名，餘人甚多，俱不識認，後刻歲次甲子正和五年（一六八四）四月吉日；左樑一板，刻主會十一人，間有臣顯考姓名，後刻歲次癸亥景興四年（一七四三）仲春穀日。臣徬徨久之，而衆人爭觀其板，尋自壞爛。爰向廟前祝而焚之，屢念神與臣家三世既有宿緣，臣如何敢不成先世之善願，故毅然募衆共襄事焉，新其廟，塑其像，修理祀事，今獲粗備，並此志之。

按此文中之「臣顯祖」即是鄭會，與該志農耐大舖條之「臣顯祖師孔」同一人物，可知師孔是鄭會之別號。至於「臣顯考」即是鄭慶。如上文所考，陳上川所部之入殖邊和大舖洲是在一六八二年至一六八三年之間，而大舖洲關帝廟初建之年代爲甲子正和五年（一六八四），當可令人推想鄭會是隨同陳上川南移之明人，或者陳上川所招致唐商之一；同時可知該廟亦由陳上川部所建。（14）總之，陳上川及其部下所建設之農耐大舖是一個純然商業性之市鎮，不像美湫大舖，其處境較爲安定，事實上在柴棍舖（即今提岸）成聚以前爲南圻最大之都會。據鄭懷德艮齋詩集自序，其原籍福建省福州府長樂縣福湖鄉，顯祖鄭會當滿淸初入中國，不堪變服剃頭之令，留髮南投，客於邊和鎮福隆府平安縣淸河社，受一廛而爲氓，初試陶朱之技，終博陶朱之名，竟成鹿洞（俗名同狔，即農耐）巨擘。再據上引通志農耐大舖條，懷德祖妣王氏儀，俗名婆儀，與四豐府周俱稱巨擘。（15）又鄭氏外族祖林祖觀係福建省泉州府晉江縣人，因其字唐音曰蠒，故俗稱翁蠒，均是通國馳名之富豪。顯然他們都是陳上川時代農耐大舖之初期居民；於是又可推知該舖居民大多爲閩籍。

五、黃進事件始末（一六八五—一六八九）

南移之明鄭將士異地作客，照理應當和衷相處，竭力合作，可惜南移後不久，楊部卻發生了內訌，副將黃進殺害楊彥迪，代領楊氏所部，擅離防地，引起阮府懷疑，致被阮軍討滅。關於此段史事，實錄前編（卷六）英宗戊辰元年（一六八八）六月條曰：

龍門副將黃進殺其主將楊彥迪於美湫海口，自稱奮勇虎威將軍，統龍門餘衆，移屯難溪（今屬定祥建和縣）據險築壘，鑄大礮，繕戰船，縱兵擄掠。眞臘正國王匿秋怨之，與其臣屋牙貢沙謀，乃絕職貢，築碧堆、求南、南榮三壘，貫鐵鎖於江口爲固守計。二王匿嫩知其謀，馳報鎮邊營。副將枚萬龍驛上其書。上怒，召羣臣議出兵。掌營宋德明進曰：匿秋癬疥小蠻，不必勞朝廷大將，鎮邊該奇阮勝龍（阮楊林之子）有智略，習知眞臘水土，可使爲統兵以代之。黃進擅殺主將擁兵難溪，其心亦未可測，請令進爲先鋒以觀向背，倘心懷猶豫即進兵擊之，匿秋阻其前，大兵逼其後，進可擒矣。既勝進，乘勢直擣眞臘，此萬全計也。……以萬龍爲統兵，阮勝龍、阮新禮爲左右衛陣，首合文渭爲參謀，將兵討眞臘，令黃進爲先鋒，受萬龍節制。

實錄前編（卷六）英宗己巳二年（一六八九）春正月條曰：

枚萬龍軍至美湫海口，次於岑溪（今屬定祥建登縣），遣人赴難溪召黃進率所部詣軍。

上引實錄前編之文先述黃進之叛變及移駐難溪、正王匿秋之反應及備戰、二王匿嫩之態度以及阮府對南圻新事態之決策；以這一連串史事都繫在戊辰（一六八八）年六月。其次，以枚萬龍所部阮軍之抵達南圻美湫海口繫在己巳年（一六八九）正月，如此治史之方法無異暴露了編年史常犯之缺陷，即年代與史實脫節之現象。其實，如參照日、棉、歐各方面史料，戊辰年（一六八八）六月祇可認爲阮府決定派軍南下之年代，至於黃進之殺害楊彥迪，正王與二王間之敵對與抗爭則經已發生於較早之年代。Leclère高棉史之所誌與實錄前編上引文大致相同，可以互相參證；其文曰：（16）

一次新的叛變又困擾了（柬埔寨）王國之南部　。此不外爲美湫地區華人之叛亂。彼等在Huynh Tam（即黃進）主謀之下　，殺其主將楊彥迪，推立黃進，共策建立一個獨立邦。彼等鑄造大礮，集中船隻，封鎖道路，設立稅關，肆意拘捕柬人以收取贖款。國王深知若不先發制止，將被攻襲，因下令築寨於金邊、Bakau nam（求南）及Go-bich（碧堆），並在Banam用鐵鎖連結竹筏以封鎖江面，嚴陣以待。當時治於Prey-kor（即柴棍，今提岸）之遜王匿嫩知華人部隊因發生內訌，不能結爲盟友而深感不安，所以再度向越人乞援。越人（即指阮主）正擬向國王開戰，便命黃進當其前鋒。

關於黃進之出身，中越史書之所載都不足供給我們以充分可靠之資料，惟元祿二年己巳（一六八九）五十二番柬埔寨船申口之所言較詳，其文云：（17）

右黃震と申者之來歷は前廉台灣を東寧と申候節，東寧之國守秦舍と申候而，大明之流を汲，大清江久久致敵對罷在候得共，時節を考，近年大清方江致降參候。此秦舍手下之楊禮武と申者，秦舍より人數兵船大分に支配致させ，海邊之防に仕をき申候所に，秦舍降參已後，秦舍に背き，其節之船卒を令押領，一分に海賊仕罷在候所に，其比黃震儀も物頭に而、楊禮武之手下に罷在候，於海上不圖致逆意，大將楊禮武を討，其身船卒を領し候而，於所々賊盜仕，剩柬埔寨に罷渡り，右之通に川口之地を理不盡に敷取居申候者に而御座候。

（中譯）至於該黃震之經歷，前此台灣稱爲東寧之時，東寧之國守秦舍（即指鄭克塽）効忠大明，與大淸敵對許久。後有鑑於時勢，近年已向大淸降服；此秦舍手下之楊禮武者（即禮武鎮總兵楊彥迪）奉秦舍命，統率大批兵卒及兵船以担當海邊防務。及至秦舍降淸後，（楊禮武）便違背秦舍，押領從來之船卒，一直當作海盜；當時該黃震者亦爲楊禮武屬下，於海上突然叛逆，殺害大將之楊禮武，代領船隻兵員，在各處做海盜橫行無忌，甚至來抵柬埔寨，並非法盤據河口之地。

此篇申口中之黃震當然指黃進其人，因閩音「震」與「進」音同，以致於誤。文中又視楊、黃爲海盜，固然有其事實之根據，但也由於這隻船之洋商事實上都是淸人，對於明鄭之殘黨總有一些歧視所致。

至於黃進殺害楊彥迪之年代，貞亨四年丁卯（康熙廿六年，一六八七）五月初六日離暹之百七番暹羅船申口已提及此事，其文云：（18）

右楊氏之者手下之副將黃氏之者，楊氏を窺致叛逆，楊氏を討，則柬埔寨之二王と申候而，本屋形之甥に而御座候を取立，海邊之分押領仕罷在候を，兩年已前よりがぽうちや本屋形，山中より暹羅江加勢を乞被申。

（中譯）該楊氏部屬之副將黃氏者，窺伺叛逆殺害楊氏，擁立「本屋形」（正王）之侄稱二王者以佔據沿海之地，因之，隱匿山中之正王兩年前就向暹羅求援。

上引康熙廿四年（一六八五）三月十三日施琅之海疆底定疏亦言明尚有「僞鎮楊彥迪下餘孽黃進聚艘百餘號」於柬埔寨，可知當時（即一六八五年四月間）南圻之明鄭部隊已易師了。又大南列傳初集（卷卅一）高蠻傳云：

先是東浦鬪土後六年，楊彥迪爲其屬黃進所殺。

顧實錄前編以楊部之入殖東浦繫在太宗（賢王）己未三十一年（一六七九），以此視爲「東浦鬪土」之伊始，那麽，照實錄前編編者之觀點，黃進之殺害楊氏應在己未年之六年後，即乙丑（一六八五）年。以此種種推之，黃進殺害楊氏之年代應在一六八五年初。至於楊氏被害之原因則無史文可徵。

據上引實錄前編之文，楊氏被害後，黃進自立之傾向日益露骨，一面正王匿秋則嚴密設防，且向阮府絕貢，其間尚未見雙方交兵之記事。但事實上阮府決定出兵以前，南圻已有戰事矣。上引 Gervaise暹羅王國史已稱，在一六八五年底，暹王擬派出一萬八千士兵、四、五艘葡人和英人指揮之大船及六十艘戎克船馳援正王；惟晚至一六八七年始可見雙方交鋒之消息。丁卯年（一六八七）百七番暹羅船申口繼稱：（19）

暹羅より之兵卒千餘遣し被申候得共兩年已（20）來は何たる儀も無之，暹羅より之加勢之勢山中江被留置候に，今年山中より本屋形うち出被申，二王幷に黃氏之者共悉く追拂被申候。黃氏方にも前廉之通之人數も無之，兵船も僅に罷成申候由に而，尤二王を取立分に而罷在候得共，最早勢を失ひ居申節に而，山中之軍勢打出候とひとしく致敗北，黃氏之者，又々二王を守護し，廣南へ逃罷

參候由承申候。依而山中之本屋形，已前之通柬埔寨江在國被仕候段承申候。

（中譯）雖然暹羅派來一千餘士兵到柬，但兩年來並無什麽大事發生。暹羅援軍一直留在山中，直至今年正王才從山中出擊，將二王及黃氏所部悉數驅走。黃氏手下既無從前之兵員，兵船亦所剩無幾，雖仍依靠二王，但已大喪聲威，（正王）之軍隊從山中一出師即被擊潰，黃氏所部再度擁二王逃亡於廣南。因之，山中之正王已如前坐鎮於柬埔寨（都城）云。

關於黃進與二王匿嫩之關係，上引實錄前編之文含糊其詞，但這篇申口就明白道出黃進與二王同盟，正王早在一六八五年就獲得暹羅援助，但到一六八七年前半年雙方才交戰，結果黃氏與二王敗退廣南屬地之事實。Dampier 所引英人船長 Howell 之言也與百七番暹羅船之申口相合，而且載有生動的戰鬥之情況。其文曰：(21)

暹王之臣民早就受這批海盜們之困擾。暹王當初由陸路派遣一批軍隊以驅走他們，但未償所願。及至一六八七年，暹王再派兩艘快速戰船赴柬埔寨，而此船隊始將其砦寨完全炸燬。據 Howell 船長所言，湄公河之河口甚寬且深，可通大船到七十浬之上游……海風助他們順利航抵海盜們所據之河洲。他們先予以砲擊，然後登陸，使海盜們潰亂之後，焚燬其房舍及防禦施設，獲得許多俘虜之後，始告撤返。……該兩位英國船長完成此次襲擊，原擬帶同俘虜逕返暹羅，惟其時西南信風已吹起，不得先返暹羅，因而轉駛澳門，以等候東北信風，並期望獲得淸人之好感，蓋他們相信淸人定會讚許他們對該批海盜們所採取之行動。果然淸方官員歡待他們，而他們亦將俘虜交予淸方。及至信風改變方向，他們便航返暹羅。

按 Howell 船隊之襲擊時期正在風期改爲西南信風之時，一面丁卯年（一六八七）百七番暹羅船於同年五月初六日離開暹羅（即大城）赴日，其中口所報告柬埔寨戰亂照理應該在同年三月中旬至四月初旬發生。所以綜考此兩種史文，可知在一六八七年三、四月間，二王匿嫩與黃進之聯軍已爲正王匿秋與暹羅之聯軍所擊敗；Howell船隊所襲擊之「中國海盜基地」當指黃進所據之難溪（今定祥省建和縣），其進襲當是暹羅遠征軍作戰之一環；結果，匿嫩與黃進被迫再度出走廣南，難溪華人部隊之一部被俘，且被引渡給廣東淸方官憲，於是南圻明鄭部隊遭受了嚴重的打擊。到了同年（一六八七）下半年，正王與二王間之對立似較爲緩和，據實錄前編同年十一月條云：

眞臘正國王匿秋、二王匿嫩遣其臣屋牙濫多施那來進香。

此條所言乃指兩王共同派使臣來弔已故阮主賢王之喪，但到了翌年（一六八八）陳上川與二王匿嫩再計劃一次反攻，而又告失敗。Leclère 之高棉史記述其始末如下：（22）

翌年（一六八八），Samdach Chauponhéa Kan 與華人領袖 Tang Chong-Sear（陳上舍，即指陳上川；又稱 Tan Chong-ea，即陳上爺）決意推翻國王(即正王匿秋)。他們先抵 Srey Santhor 由叛變之遜王匿嫩（Obayureach Angk Non）供應兵士武器及舟艇等，然後進佔了金邊城。當他們將開往幽東，國王率軍突至，將他們打敗，逼之奔逃，國王收得機械及兩艘戎克船……此年（一六八八）遜王匿嫩奔於交趾支那（即廣南），由阮主助以 Thuyen-Khuen（統軍？）及 Thum-mưu（參謀）所領之兩萬援軍，以此遜王復攻幽東，幽東隨之易手。Kompong Luông及 Banteay Léu 之居民被迫遷往金邊前面之 Changva 島。王姑 Samdach Préah Teau，時十五歲，亦混在被遷移居民之中。至於國王則退却於 Pram Damleng 地方。從此，國王派 Chauponhéa Phéakady Songkream 往救王姑……匿嫩獲悉王姑逃亡，連派五千越兵追跡之。此部隊在 Veal-hong 與 Phéakadey Songkream 之軍相遇，越人部隊潰敗，不得不撤回 Changva 島；Songkream 見越軍潰走，便乘筏過江，攻奪洲上之堡壘；越軍恐慌而潰散，其將領及遜王脫險奔返交趾支那。

關於這一連串阮方之敗績，實錄前編隻字不提，也未見阮府採取任何處置，其主因當是丁卯年（一六八七）三月間賢王去世，義王（即英宗、阮福溱，一六八七—九一）剛繼立，未暇顧及高棉之事態。雖是，丁卯、戊辰兩年（一六八七、一六八八）二王與黃、陳所部明鄭部隊之軍事挫折顯然迫使阮府採取强硬的措置，於是，阮府於己巳年（一六八九）正月派軍南抵美湫海口了。

關於阮府討伐黃進之因，實錄前編含糊其詞，令人難於把握眞相。祇因他「移屯難溪，據險築壘，築大礮，繕戰船，縱兵擄掠」而阮府就要消除這一批阮軍之前鋒部隊？己巳年（一六八九）六十九番廣南船申口云：（23）

唐人の賊首黃震と申者，兵船數拾艘，唐人兵卒多勢を引率致し柬埔寨江亂入仕，國をも奪取可申樣子に御座候。

（中譯）唐人之賊首黃震者引率了兵船數十艘唐人兵士多數亂入柬埔寨，甚至有意奪佔該國。同

年（一六八九）七十四番柬埔寨船申口則云：（24）

大淸之內廣東より出申候海賊之大將黃霞と申者，兵船九艘，人數三、四百，何れも廣東人に而，……柬埔寨之湊口を塞，商船之出入など妨罷在，事之序も有之ば柬埔寨屋形を追拂，其身押領可仕様子に相見申候。

（中譯）大淸國內廣東出身海賊之頭目黃霞者，以兵船九艘，人員三、四百，均屬粵人……來封鎖柬埔寨港口，妨碍商船來往，大有待機趕走柬埔寨國王，代之佔領該國之樣子。

按黃氏這些行動，例如，企圖佔據柬埔寨（都城），封鎖港口，或者妨碍商船之出口等等對於阮府侵蝕柬埔寨之傳統政策，照理是有益處，至少也無壞處，所以可推想阮府所担憂者可能是黃進不受管束的越軌行動。據管見，阮府消除黃進之理由可能有三種：一則追究丁卯年（一六八七）黃進對正王匿秋作戰失敗之責任，二則可能承中國廣東當局之援意，以淸除明鄭殘部（詳見後文）；三則疑慮黃氏跋扈柬埔寨，控制湄公河交通，日益坐大，可能成爲獨立勢力以危及阮府在南圻之權益，因而斷然予以制裁。

至於阮軍消滅黃進之年代及經緯，實錄前編繫於英宗己巳二年（一六八九）閏正月條。該條把阮軍將領、黃進及正王匿秋間之交涉與關係記述甚詳，其間還有柬埔寨美女占遙律與廣義謀士曰文通者先後遊說黃進之揷話，頗富有戲劇性，茲不嫌其長，將全文摘錄於下：（25）

匿秋聞我兵壓境，大懼，與其臣屋牙加呈謀綏兵，乃擇美女有口辯者名占遙律使齎貨寶詣黃進營，說曰：「將軍居眞臘地已有年矣，古人一飯必報，今聞將軍受命伐眞臘，竊爲將軍不取也」。進曰：「萬龍召我非其誠心，蓋先取我而後滅匿秋耳，我豈爲他所賺耶，歸語汝主勿疑」。進遂駐兵據險。萬龍屢促之不至，知進果有異志，深以爲憂。麾下文通（廣義人缺姓）有機辯，素諳諸國言語，因說萬龍曰：「統兵如欲取進，非要他離險不可，僕聞龍門人有張老爺者，聲名籍甚，進素重其名而未識其面，僕請扮作張老爺往說利害，誘以相會，統兵因掩擊之，擒進必矣」。萬龍喜而遣之。文通遂易裝，自稱張老爺，詣進軍求謁。進喜延之坐。文通從容言曰：「僕自龍門兵敗，落魄南來，蒙天王援爲該隊，今從鎮邊統兵調遣，故來相見以敍州里之情」。進信之。文通因謂進曰：「將軍受命伐眞臘，何故許久不與統兵相會？」。進曰：「念我流落，先王畀居此地，何忍忘恩，顧我衣食所資皆眞臘出，今率兵攻之，是不義也，爲眞臘而拒君命是不忠也，進退兩難，將欲按兵自守，徐觀其勢耳」。文通曰：「不義過小，不忠罪大，將軍何擇焉，爲將軍計，莫如親與統兵一會以釋其疑，然後徐爲之計，則善矣」。進曰：「先生既教我與統兵會，相會之日，統兵能出郭以迎我乎？能與我分左右坐乎？能聽我以兵會而不之疑乎？」。文通曰：「避席待士，統兵本心，僕歸以告統兵必如約，幸將軍勿失信耳」。遂辭去。進謀士霍生謂進曰：「僕聞張老爺寡言，今此人言語便捷，莫是萬龍說客，願勿信之」。進不聽。文通歸告萬龍，萬龍復遣文通往請進，而伏兵要處以待。進果乘舟出江相會，伏兵卒起四面攻之。進棄舟走潛，向雷巤海口遁去。萬龍入其壘，獲進妻子，皆斬之。

讀這段引文，我們不難瞭解黃進凄慘之心情與進退維谷之處境。我們相信「欲按兵自守，徐觀其勢」必是黃進眞正之意圖，但因前面有阮軍，後面有正王匿秋，黃氏及其部屬被挾於具有敵性、存心不良之兩個勢力之中間，不得不先設法消釋阮方之疑念，後謀脱身之策，終而不幸中計。關於阮軍與黃進間交涉乃至交鋒之始末，同年（己巳年，一六八九）六、七月間從柬埔寨及廣南來日之中國商客們都言之嘖嘖。

己巳年五月二日離柬赴日之五十二番柬埔寨船申口云：(26)

柬埔寨屋形之儀，六恁（ラッルン）と申候。六輸（ラッスウ）と申候弟，去年十一月逆心をおこし，兄之位を奪可申逆意有之之儀致露顯候所に，其節黃震と申者，廣東人に而，於海上賊船之大將仕，方々致流浪，人數五百人程有之，船も大船五艘所持仕，柬埔寨川口之地に致在黨，時節を以柬埔寨をも押領可仕心底に而罷在候之内に，右屋形之弟六輸叛逆露顯に付，則黃震を頼，人數一所に成り，屋形に致敵對罷在候。然ば廣東之守護，右之黃震外國に而無道を振廻，惡逆を働申候上は，往々大清海邊之害に成可申と被存，廣南之屋形へ書簡を差越，廣南勢を以，右之黃震を誅討可仕謀を廣南江申含，則黃震江加勢と名付，屋形六恁を可討とたばかり，其實は黃震を可討との儀に御座候而，廣南勢六千餘，船大小七拾艘黃震方にさし越申候。其節黃震儀，柬埔寨之川口を守り，在船仕罷在候を，廣南大將使官貳人船江差遣し，軍議を評議可仕之間，此方へ被參候樣にと陸より申赴候所に，黃震是はたばかり事と存，廣南より之使官貳人共に即時に討取，兵卒も五百人餘被討申候。依夫廣南勢大きに致立腹，即刻猛勢をさし向，黃震方の船燒拂ひ，兵卒も四五百人程手つよく討取，無二無三に攻戰申候に付，黃震並六輸共に其所を捨，悉く山中江引籠り申候。則當三月初之儀に而柬埔寨之地外匡郎（グハコンロン）と申所におゐて合戰仕候。尤右之通，逆徒ども山中には引籠申候得共，廣南勢其儘に而不召置，間もなく山中江追懸け入申候迄を見及承及申候 。其後山中に而之様子いかに様有之候敷，私共出船仕候迄は山中より之便りとて承不申，本屋形は無別條，柬埔寨江在鎮に而御座候。

（中譯）柬埔寨國王稱六恁，其弟稱六輸。於去年十一月間六輸起了叛逆之心，圖謀兄位，而其謀敗露。時有一廣東人黃震者，曾爲海上賊船之首領，流浪多處，手下有部屬五百人左右與五艘大船。此人盤據柬埔寨河口一帶，窺候欲動以吞併柬埔寨 。因王弟六輸謀逆洩漏，（六輸）便投依黃震，共同聯合以敵對國王。廣東之「守護」（巡撫？）獲息黃震在國外圖謀不軌，行動惡逆，担憂長此下去將累及大淸海邊之安寧，故致函廣南國王（即阮主），囑以廣南兵討滅黃震。（阮主）允之，便派兵六千餘，大小船隻七十艘南下，佯命黃震助戰以征討國王六恁，其實則擬消滅黃震。時黃震乘船把守柬埔寨河口，廣南主將便差遣兩名使官前往黃船，促其登陸赴阮方軍前商議軍畧。黃震知其謀詐，立即殺死該兩名使官及阮方士兵五百餘人。 廣南軍大爲震怒，即刻派出精兵攻燒黃方之船，斬獲士兵四、五百名，並續予猛攻，致使黃震與六輸放棄基地，悉數退入山中。此次交戰於本年（己巳年，一六八九）三月初發生於柬埔寨外匡郎之地。叛徒們雖遁入山中，但廣南軍並不放過，不久即開入山中追擊。其後情形如何，迄我們出帆時，仍無消息從山中傳出。至於正王六恁則仍然坐鎮柬埔寨（幽東）云。

此文中之六恁是 Nac Non，即匿嫩，六輸是 Nac Saur 之譯音，即匿秋，所以五十二番船之商客們顯然以六恁誤爲「屋形」（正王），又以六輸誤爲「其弟」（二王）。除這一點誤會之外，關於阮軍與黃進交戰之始末，其所言大致可信且與實錄前編之所誌大同少異。此篇申口特有之消息是：（一）指出阮府之消除黃進可能受廣東當局之慫恿乃至要求之結果；（二）以阮軍與黃進所擺牌之時日爲己巳（一六八九）三月初，地點爲外匡郎；但與實錄前編上引文同樣證實被枚萬龍卑屈可恥之手段玩弄之黃進能夠逃避阮軍之殺戮而安然遁走。關於雙方擺牌之時日，實錄前編把雙方之交涉，匿秋與黃進間虛虛實實之關係以及黃進之中計被伏擊都繫在閏正月，一面七十四番船申口則以黃進之敗殘爲三月初，可知大致上相合。至若外匡郎，華夷變態原文於此名傍邊以片假名註曰：グハコンロン，即 Gua kon ron。據管見，此名是 Cua con rong 之譯音。Cua 是門或海門之義，而 Con rong 指湄公河前江江口之日本洲，俗稱 Culao rong 或「混鱧」（Con tau）（詳於下文）。所以外匡郎乃指 Culao rong 附近之海門。

與己巳年（一六八九）五十二番柬埔寨船申口同樣之消息亦見於同年七月六日離會安赴日之六十九番廣南船（A）、同年六月廿九日離廣南之七十三番廣南船（B）以及同年七月十日離會安之七十四番柬埔寨船（C）申口，惟其細節則畧有相異。例如，關於黃震（進）之下落，A船申口云：「黃震も討取申候」（中譯：連黃震也斬獲了）；B船申口則云：「唐人の賊首黃震と申者を致追討，其外人數共或は討取，或は生捕にも仕，黃震一黨は相ほろぼし申候」（中譯：追擊唐人賊首之黃震者，其他人員也或被殺或被俘，於是黃震之黨已告消滅矣）；C船申口則云：「黃震一黨を致追討，黃震勢或は被討、或は生捕，又は逃げ散申候而無難致平治候」（中譯：追擊了黃震，使黃震所部或被殺，或被擄，或逃散，其動亂遂平定了）；可見三船申口之中，B、C、兩船都未講明黃進被捕殺。又關於正王與二王之關係，A、B兩船申口爲「嫡子與庶子」，C船申口則爲「嫡子之二王與庶子之三王」；關於阮軍（枚萬龍）之兵力，A船申口爲「兵船數十艘，人數三千餘」，B船申口爲「大小兵船數十艘與許多兵員」，C船申口則稱「大小兵船六、七十艘，兵員數千」；至於黃進所部之兵力，A船申口爲「兵船數十，唐人士兵多數」，B船申口爲「賊船數十艘，賊徒數千」，C船申口爲「兵船九艘，人數三、四百名」，其所報數目頗爲分歧，孰是孰非，未便遽加斷定，但上引五十二番柬埔寨船申口已云黃氏手下四、五百名被斬獲，一面七十四番柬埔寨船亦講明黃霞（進）所部當中已有一百八十餘人被俘，而被押至廣南，南移明鄭殘黨所遭受無情之損失與打擊由此可想見。

六、陳上川所率龍門部隊之活動與阮府南進之挫折（一六八九—一六九七）

以阮府之立場來說，黃進之打倒是阮軍南征之第一個目標，此目標既然達成，義王便下令邊和之陳上川代領華人部隊，並以此部隊爲先鋒，進攻幽東之正王匿秋。因越南史籍都以楊彥迪爲龍門總兵，所以隨楊南來之人員也一概稱爲「龍門之衆」、「龍門將士」或「龍門餘衆」。大南列傳前編（卷六）陳上川傳云：

上（即義王）乃命鎮邊營副將枚萬龍將兵討之，進走死。萬龍招集龍門餘衆，使上川管領爲先
大南鋒，駐兵瀛洲（今屬永隆），尋進攻眞臘，克之。

實錄前編之所誌較詳，其文曰：

（枚萬龍）招集龍門餘衆，使楊彥迪部將陳上川管領，爲先鋒乘勝進攻匿秋，撓斷橫江鐵鎖，連克碧堆、求南、南榮三壘。匿秋退保龍澳城。

可見陳上川統率下之龍門部隊連克碧堆（Go-bich）、求南（Bakau Nam）以及南榮（Phnom Penh），迫至龍澳（即幽東），可惜因一部阮軍行動之挫折，匿秋固守龍澳城，阮軍撤退，終而按兵不動。實錄前編（卷六）英宗己巳二年（一六八九）閏正月條繼云：

> 該隊阮勝權輕敵貪進，爲匿秋所敗。該奇阮勝山引兵救之，衝陣力戰，匿秋退走入城固守。會雷雨大作，萬龍欲駐兵大江，勝山曰：眞臘地多林莽，江水湍流，我駐兵於此，倘彼結筏從上流而下，何以制之，不若撤回本營，蓄威養銳，彼見我師既退，必自懈弛，乘其無備攻之，一舉可滅矣。萬龍從之。我兵既退，匿秋與諸將校謀，乃使勒沙齎禮詣萬龍軍求緩兵，萬龍怒囚之。匿秋復遣女使占遙律以金幣來獻。萬龍詰之曰：汝國不輸歲貢，又治城壘繕戰船欲何爲者？遙律曰：小國前日修貢皆爲黃進所奪，又苦其侵擾，故謀自備耳，豈敢反乎。萬龍信其言，乃遣遙律與勒沙齎檄回報匿秋，責令修貢。遙律多以金幣賂諸將。既歸月餘貢不至，萬龍疑焉，會諸將議。阮新禮曰：王師進討以服叛爲先，今江水奔湍，戰船逆流不便，未可輕進，況我軍不服水土，姑按兵以待其來，此爲上策。萬龍稱善。勝山曰：眞臘反覆多詐，不如急擊之，豈可坐待以老王師乎。萬龍曰：爲將以恩信爲尚，非以殺伐爲威，吾欲以誠信服蠻人，彼既降服，又安用戰鬥爲也。於是令諸將分兵闢地而耕，不爲戰備。

此段文清楚地揭露阮府南征軍將領之間有鷹派與鴿派之對立，而主將之枚萬龍却屬於鴿派。枚萬龍這種消極的，妥協性態度深爲阮府當局所不滿。實錄前編同年（一六八九）八月條云：

> 時鎮邊將士久駐無功，統兵枚萬龍惑於遙律之言，頓兵不進，衆情由是憤怨。該奇阮勝山具狀以

鬪。上大怒，曰：匹夫貪利違法罪不可貰，即召羣臣擇他將代之。掌奇宏畧（缺姓）薦該奇阮有豪（有鎰之子）智勇可任。上乃命有豪爲統兵，文職和信爲參謀，首合曜德（缺姓）爲視戰，阮勝山爲先鋒，增揀富安、泰康（筆者註：即今慶和）、潘里兵進討眞臘，免萬龍爲庶人，降文渭爲將臣吏。

阮軍新帥阮有豪是上王及賢王時代南河名將阮有鎰之長子。阮有鎰自從一六四〇年左右就與阮有進一齊任北邊廣平、南布政之防備，不但幾次擊退北圻鄭主南侵之師，且揮兵渡灄江，攻取北布政及乂安七縣；從軍四十年間屢建奇功，後卒於賢王辛酉三十三年（一六八一）。義王之起用阮有豪，當然囑望名將之子領導邊師打一場硬仗以恢復阮府在南陲之聲威。但事與願違，易帥之阮軍躊躇不前，未能副義王之期待。實錄前編（卷六）英宗庚午三年（一六九〇）正月條云：

阮有豪進次碧堆，分列營壘，水步相接，爲犄角之勢，軍令嚴肅，諸將皆稱其能。

同年（一六九〇）五月條續云：

遣中使諭阮有豪曰：眞臘匿秋如欲贖罪，須獻雄象五十四、黃金五百兩、白金二千兩、犀角五十座，具禮陳謝，方可還師，不然宜於急進勦。有豪使人宣示匿秋。匿秋復遣遙律以牛羊金幣來獻。有豪見之笑曰：爾今又欲作說客耶，我非萬龍比，歸語匿秋早自獻貢，不然大兵進至，爾城邑爲墟矣。遙律曰：以小事大，如子之事父，敢有異心。曩者小國方修職貢，適天使徑來，致未備耳。願將軍假以旬日，敢不應命？有豪欲許之，和信、勝山等皆言眞臘詭詐多端，勿可深信，萬龍之鑒不遠，不如**擊之。有豪曰：彼既歸命，而我攻之，是乘人之危，不武也。況今匿秋如兔之墮坑，鳥之投網，尙憂**

其詐乎？乃放遙律回。匿秋尋使屋牙阿勒施以小象二十四、黃金一百兩、白金五百兩來獻。有豪納之。自是匿秋數遣遙律就軍哀訴，有豪信之，在軍中日與諸將酣歌爲樂。自謂不亡一簇而眞臘自服，自古名將亦不是過，諸將皆暗笑之。視戰曜德曰：金銀、犀象皆眞臘地產，今所獻止此，非眞情也，不如擊之。有豪曰：綏懷遠人貴禮而不貴物，古者包茅之貢，豈以物耶？曜德無以答，於是有豪與諸將不協。

實錄前編同年（一六九〇）六月條繼云：

匿秋又遣遙律以小象十四、犀角六座，黃金五十兩、白金百兩來獻，阮有豪又納之。和信曰：我等成師以出，惟敵是求，臨敵不戰，將復何待？勝山及諸將亦請先斬遙律，後取匿秋，不可爲彼所弄。有豪厲聲曰：閫外之事責在大將，我自少隨父歷行陣，今豈畏此小蠻哉。但我已有成算，諸君勿可雷同，乃令各撤兵回婆地（今屬邊和）駐札，尋引還。和信、勝山密以事聞，上大怒曰：有豪罪與萬龍等，姑待回軍，明正其罪。

同年秋八月條繼云：

師至，和信等具言阮有豪逗留誤軍之狀，上令奪有豪官，黜爲庶人。

讀上引實錄前編之文，實不易瞭解阮府重罰阮有豪之原因。據實錄前編所載，庚午年（一六九〇）五月間阮府曾向統兵阮有豪指示匿秋贖罪之條件，可知阮有豪所接獲之訓令並非不顧一切而莽撞地進攻匿秋。一面，阮府贖罪條件數目之巨，顯然表示阮方留下若干討價還價之餘地。就實際數目而言，對於阮府所要求，匿秋在五、六月間分兩期已繳了三十頭（小）象（阮方所要求之五分之三）、一百五十兩黃金（十分之三）、六百兩白金（即銀）（十分之三）以及六座犀角（廿五分之三），其數目雖離阮方所要求者尚遠，但可謂正在履行所謂贖罪條件，照義王五月間之指示，阮有豪不能借辭進襲匿秋。那麽，何故阮有豪於六月間就班師回國，且被義王黜爲庶人？

從事實的經過來講，自從己巳年（一六八九）初，阮府在南圻的遠征軍僅達成了消除黃進之目的外，始終對正王匿秋未能予以有力的打擊，不但如此，阮方統帥枚萬龍、阮有豪先後爲匿秋女使占遙律所玩弄，貽笑中外，枚、阮兩將被處罰之重可證實阮府也承認此次出兵之失敗。據管見，逼使阮軍撤離柬埔寨之主因當是暹羅援軍之全力支撐匿秋。我們有不少跡象暗示匿秋巧妙之遷延策不過是掩飾棉方求援暹羅之行爲。雖然實錄前編不提此事，但庚午年（一六九〇）七十五番柬埔寨船申口及辛未年（一六九一）八十八番暹羅船申口均言之嘖嘖，不容置疑。例如，辛未年八十八番船申口云：（28）

> 數年已來內亂有之候而，二王より暹羅江加勢を乞被申候に付，暹羅より將卒爲加勢被差越候所に，今年に罷成、大王、二王和談仕，事靜り申候に依而，暹羅勢も本國江致退軍，平治に罷成申候。
>
> （中譯）數年以來（柬埔寨）內亂頻仍，由於二王（筆者註：應作大王）向暹羅求援，暹羅曾派將士來柬，但到今年大王與二王言和，情勢平靜，所以暹羅軍也撤回本國，國中無事。

所以我們可以推想暹羅軍隊之支援匿秋可能是阮軍班師之主因；阮有豪之被處罰乃因苒荏待望匿秋之貢獻，爲匿秋所乘而貽誤戎機，其罪不可恕！

阮有豪率部撤離棉境後，阮府仍圖恢復在棉之頹勢。庚午年（一六九〇）八十九番廣南船（七月二日離廣南）及同年九十番廣南船（六月廿二日離廣南）之申口均證實己巳年（一六八九）及庚午年（一六九〇）前半年阮府曾兩次增派將士赴柬，但未能獲得任何効果。（29）及至翌年（辛未，一六九一）正月阮主義王去世，明王（顯宗，阮福凋，一六九一—一七二五）繼承，接着阮府又忙於應付中圻南部占城國王婆爭之叛亂，迫使阮府暫時放棄插手柬埔寨之意圖。

阮有豪班師回北後，柬埔寨境內發生了新的局面。就是一向在阮府保護之下存續的二王匿嫩失去了依靠，不得不設法與正王匿秋言好。（30）辛未年（一六九一）六十九番柬埔寨船（五月十三日離柬）申口及同年八十八番暹羅船（六月三日離暹）之申口均稱在同年（一六九一年）五月以前正、二兩王之間成立了和談，來援正王之暹羅軍隊亦引返本國。（31）再據壬申年（一六九二）五十八番柬埔寨船（六月初一離柬）、六十一番柬埔寨船（六月十二日離柬）、六十三番柬埔寨船(六月初一離柬)及六十八番廣南船（五月廿一日離廣南）各船之申口，可知在辛未年（一六九一）秋間，二王匿嫩已病死，嗣子幼冲且無力，因之二王之屬下紛紛離開嗣子而歸附正王匿秋；就是嗣子本人也不堪匿秋之威迫，故於壬申年（一六九二）初，便出奔廣南以求阮主保護，又匿嫩手下之唐人官員七、八十名也集體逃往廣南。（32）這一連串事件足以證實庚午年（一六九〇）六月間阮有豪部之班師返國表示阮府勢力不但從柬埔寨，同時也從南圻柬浦地區之全面性撤退。阮府勢力之退出當然也引起柬埔寨正、二兩王對立之結束；兩王於辛未（一六九一）年前半年言和之後不久，同年秋間二王匿嫩病卒，其嗣子苦零無依，於翌壬申（一六九二）年初也偕手下之唐人官員們逃往廣南，至此，阮府勢力從柬境及東浦地區完全被掃淨了。

茲有一件事值得特別注意者是阮軍撤回廣南後，陳上川所部之龍門餘衆仍駐留湄公河口。關於此間情形，庚午年（一六九〇）七十五番柬埔寨船（四月十五日離柬）申口云：（33）

屋形は惣領に而大王と申候，其弟を二王と申候，同父異母之兄弟に而御座候。數年已來二王謀逆を含居被申候得共，存儘罷成不申候內に，台灣之儀，元は東寧と申候節，秦舍と申國主居被申候節，海手之大將禮武官之手下に、陳尙川と申者，兵船數拾艘領し，諸所之海邊亂奪仕候序に，柬埔寨海邊迄兵船乘參候所に，柬埔寨少々內亂之儀有之段承候而，柬埔寨之湊口工代馬と申所江兵卒を上げ，陣をすへ，往來を亂奪仕罷在候。惣而柬埔寨人之素性，別而余之國々よりは人之生れ付おろかなる上，武勇なとの道曾而不存，臆病至極之國に而御座候。然るに右之陳尙川，湊口を押領仕候段，弟之二王承候に付，即時陳尙川江組し，兄之大王を一攻之儀有之に付，大王其節敵對仕不被申，奥山江引籠被申候。元より軟弱成國に而御座候故，前廉より暹羅國江屬國に成り，貢禮を勤申候，依夫大王より暹羅江加勢を乞請，二王並に陳尙川を攻申候所に，暹羅勢手づよく候而，二王は他之山中江引取，陳尙川は船江取乘り，當分工代馬を立のき樣に而，又は湊口江陣取仕候，海手を自由致し罷在に付，大王より何程攻候ても一圓ひるみ仕不申，爾今工代馬を押領仕罷在候。然共最早數度大王之勢と多戰仕候に付，人數も減じ，只今漸人數四五百人，船數六七艘も所持可仕歟と相見江，何之威勢も無之候。

（中譯）（柬埔寨）國王爲嫡長子，號稱大王，其弟爲二王，乃屬同父異母之昆仲。數年以來二王謀逆而尚未付諸行動。適有陳尙川者，原爲台灣稱東寧時之國主秦舍水軍大將禮武官（即禮武鎮總兵楊彥迪）之部屬。此人率領兵船數拾艘，乘掠奪各地海邊之勢，航抵柬埔寨沿海，獲悉該國內部稍有內亂，便在該國港口「工代馬」登陸，構造陣地，以搶奪來往之商船。總之，柬埔寨人之性情比其他國人民較爲愚蠢，也不懂軍事，是一個極其怯懦之國家。二王獲知陳尙川霸佔港口，便與之聯合以進攻大王，但大王當時未敢與之作對而退却於內地。（柬埔寨）原爲軟弱之國家，一向成爲暹羅屬國，並向之朝貢，因此，大王懇求暹羅援助以攻二王及陳尙川。（結果）暹羅援軍獲勝，二王逃往內地，陳尙川則駛船暫時撤離工代馬，但不久復佔據該港口，橫行海邊；大王怎樣攻襲亦不示弱，迄今依然盤據工代馬。雖是，因曾幾次與大王之軍交戰，致其人數減少，目前似僅擁有四、五百人員與六、七艘船，毫無聲威矣。

此段文未講明陳尙（上）川和二王之連軍與正王間之戰鬥所發生之年代；是指上引 Leclère 高棉史所載一六八八年（戊辰）之戰鬥，或指己巳年（一六八九）陳上川任枚萬龍麾下阮軍之先鋒進攻幽東之戰事，未便遽予斷定，但有一事確實可言者，就是陳上川部軍事失利之後，仍退據湄公河口之工代馬；他們曾幾次與正王之軍相戰，但在庚午年（一六九〇）四月間，亦即阮有豪所部之阮軍快撤離柬境之時，仍在工代馬並維持六、七艘船及四、五百戰鬥人員。

上引文所見陳上川部基地之工代馬，原文註云：唐音コンタイマア（Kon Tai ma），顯然是海國聞見錄

及南洋記所載之「崑大嗎」，同時也是嘉慶一統志（卷三十一）與淸文獻通考（卷二九七）所載「尹代嗎」之異譯。此名中之頭字應爲「工」或「崑」；而「尹」字可能是「工」之譌。關於工代馬之位置，E. Gaspardone教授曾提議以此考爲 Pontémas（即河仙，或稱港口）（34），但據管見，「工」、「崑」或「尹」諸字之音離 Pon（-témas）之音太遠，恐其說難於成立。據淸文獻通考（卷二九七），尹（工）代嗎國離廈門一百四十更；該國接連安南與暹羅，風俗與港口及柬埔寨畧同。一面，同書港口條則云港口離廈門一百六十更。此兩條文及其所載兩種距離可證實尹（工）代嗎與港口（即河仙）是柬埔寨沿海之兩個海港，而前者比後者較近於廈門。再根據杉本直治郎教授及金永鍵氏之研究，當十七、八世紀時所有駛往柬埔寨金邊或幽東之外國船舶通常經由小海門（Cua Tieu），遡前江（Tien-Giang）而至。庚午年（一六九〇）七十五番柬埔寨船申口以工代馬之位置爲「柬埔寨之湊口」（柬埔寨港口），而柬埔寨河顯然指湄公河，由此可知工代馬應當坐落在前江小海門之附近。事實上在前江之江口有兩洲，北者稱大洲（Culao Dai-chau），南者稱龍洲（Culao rong）。大洲荷蘭人稱爲 Krabben eylandt；法人稱爲 Ile des crabes（均爲蟹島之義）；而龍洲，嘉定通志（山川志）稱爲日本洲，俗稱「混艚」（Con Tau，即船義）。據管見，此日本洲也就是實錄前編所見之瀛洲。己巳年（一六八九）五十二番柬埔寨船申口所言之グワコンロン外匡郎（cua con rong，即龍洲海門），當指此洲附近之前江小海門。由此可知「工代」兩字不過是 Con Tau（即龍洲，或日本洲）之譯音，而「馬」即是柬埔寨語 meat（港口、江口義）之譯音（36），所以工代馬，也就是龍洲港或混艚港之謂。

一六九〇年阮有豪所部撤回廣南後，辛未年（一六九一）、壬申年（一六九二）以及癸酉年（一六九三）

廣南、柬埔寨及暹羅船各申口稱柬境之內亂停止，國內平靜；尤其癸酉年六十七番柬埔寨船（六月一日離柬）申口特別强調該年（一六九三）柬埔寨國內雨量充足，穀價降低，國中毫無亂象。（37）又甲戌年（一六九四）六十一番暹羅船（閏五月六日離暹）及六十二番柬埔寨船（閏五月十三日離柬）均異口同聲稱柬埔寨國泰民安（38）。雖上揭各船之申口均未提及幾年來陳上川部隊之動靜，但我們另有若干史文可證實陳部仍然佔據前江河口之工代馬，一直至甲戌年（一六九四）前半年。一六九四年八月十四日長崎出島（Deshima）荷蘭商館長 Gerrit Van Heere 之日記第一項云：（39）

"Dat de Chinese rovers op de cust van Cambodia, waarop verleden jaar kennis was gedaan, 't eenemal benevens den pretendent van dat koninkryk verjaagt, en weg gedreven waren, sulx die custe nu veylig gepassert conde verden, dog."

（中譯）去年吾人所獲悉柬埔寨海岸之中國海盜已被該王國之篡位人物所驅逐，致使現在該國沿岸之航行已暢通無碍了。

此段文中之篡位人物（pretendent）當指一六九二年初以來兼併二王匿嫩舊領之正王匿秋，可推知陳上川部於一六九四年上半年已被迫暫離工代馬而他往。那末陳部遷往何處？

同年六月廿四日出島荷蘭商館舊館長 Gerrit de（van）Heere 與新館長 Hendrik Dykman 連署之「暹羅風說書」之第一項云：（40）

かうちとかぼうちやと近年不和に罷成り，此子細者かうちの民共，年々數人かぼうちや國江落行申候に付，かうちの守護よりかぼうちや國江申遣候は，其地江落行申候此方之民共，差返し申候様にと申遣し候處に，かぼうちや國守護返答仕候は，彼者共儀，此方より呼寄せ爲申者共に而は無之候，此方を頼參爲申者共之儀に候得ば，差返し申儀は不罷成候由返事仕候。如此年々かうちのもの共かぼうちや國江參申儀は，彼地に而，民共困窮仕候に付，右之通に御座候と阿蘭陀人共推量仕候。然所に當春かぼうちや國よりしやむ屋形江使者を以申遣候は，かうちと軍仕候間，加勢を致くれ候様にと申遣候處に，しやむ屋形より返事仕候は，かうちも兼而しやむと心安致入魂儀に有之候間，兎角雙方和睦被仕候様に扱ひ可申由，返事仕候旨，しやむに居申候かひたん方より申來候。

此文中之「かぼうちや」（Kabochya）當然是柬埔寨（Cambodia）之譯音；「かうち」（Kauchi）亦作「河內」，是「交趾（支那）」之譯音而指阮主所轄廣義之廣南。阿蘭陀人即荷蘭人；「しやむ」（Shiamu）即暹羅（Siam）之譯音。以下請看全文之中譯。

（中譯）交趾（廣南）與柬埔寨近年來不睦。其原因乃交趾之居民年々有數名逃亡柬埔寨國。交趾之守護（即指廣南之阮主明王）曾向柬埔寨要求將逃亡該國之人民遣回。柬埔寨國守護（國王）答稱：該批逃民並非鄙國所招來，實彼等自願投依本國，故不便將之遣返。據荷蘭人推想，如此每年有交趾之民逃亡柬埔寨，似因該地人民之窮困所使然。然而今年春間柬埔寨國派遣使節赴暹，向暹羅王告以該國將與交趾交戰，並請求相援；惟暹王答稱：交趾與暹羅邦交一向敦睦，總希望雙方（即指交趾與柬埔寨）設法言和爲宜。以上是駐留暹羅之甲比丹（即荷蘭商館長）所轉告者。

關於此文所提「交趾居民」之奔投柬埔寨，我們應注意壬申年（一六九二）以來廣南々部占人部落一連串之叛亂。據實錄前編所載，壬申年八月間，平順之占主婆爭叛變；至次年（癸酉，一六九三）三月間始被敉平。繼之，同年（一六九三）十二月，僑寓順城（即平順）之華商阿班（即吳朗）與占官員屋牙撻謀亂，阮軍南下討伐，至甲戌年（一六九四）二月間始被討平。（41）這一連占人之叛亂，顯然迫使許多廣南境內之占籍難民就近逃亡柬埔寨。Leclère 之高棉史亦云當一六九二年就有一位占王宗族帶五千難民投依柬國，因此，柬王Chey Choetha（匿秋）便劃羅壁（Lovek）附近之一地以安插之。（42）荷蘭商館長之報告告知我們阮府對於如此風潮頗感不安，因向匿秋要求引渡占城難民，爲匿秋所拒。匿秋惟恐阮方藉口滋事，所以派專使赴暹，向暹王（即Ramesuen, 1688—1703）乞援，反爲暹王勸止。因此，柬國小康之局面尚可維持下來。關於陳上川部撤離柬國海岸之原因，我們缺乏直接之史料以供稽考。據現有之史料而言，因癸酉、甲戌兩年（一六九三、一六九四）之柬埔寨及暹羅船之申口均稱柬境平靜無戰事，未便推考陳部爲正王匿秋所逐；所以祇可推想陳部之撤退行動可能與上述平順地區占民之叛亂有關。更具體地講，陳部似受阮府之命而參加討伐阿班叛亂之隊伍。蓋因該亂之主體雖是占民，但其領袖却是華僑吳朗，阮府很可能調動陳上川部隊，拿出「以毒制毒」的方策來對付吳朗了。

不管其眞相如何，陳上川部之撤離柬埔寨海岸是暫時性的。乙亥年（一六九五）前半年，陳上川率其部屬數百名重新出現於柬埔寨河口，以從事控制往販柬埔寨之船隻，並强奪商船之載貨。乙亥年（一六九五）七月三日出島荷蘭商館舊館長 Hendrik Dykman 與新任館長 Cornelis van Outhoorn 連名向長崎奉行所呈「阿蘭陀

三番船しやむ出風說書」云：（43）

一、柬埔寨國、占城國、廣南國、此三個國互に軍仕候由，天川と申所よりしやむ江申來候由承之申候。

一、柬埔寨國之川口に海賊共數百人罷有，往來之船なやまし諸貨物等奪取申候由，しやむに而承之申候。

（中譯）一、由天川（Amakawa，即Macao，澳門）傳到暹羅之風聞說柬埔寨、占城及廣南三國互相攻戰中。

一、據在暹所聽聞消息，柬埔寨河口有海盜數百名盤據，煩擾來往船隻，並掠奪各種貨物云。

另一方面，同年（一六九五）八月十二日出島荷蘭商館長 Hendrik Dykman 之日記第四項亦云：（44）

"Eyndelyk dat de Chinese rovers in de Cambodise revier nog al bleven nestelen en dat dien Coning sulks toetiet; omdat in den buyt participeert: en soude selffs eenige van haar in de regeering hebben getrocken........."

（中譯）中國海盜們終於盤據了柬埔寨河。國王放任如此行動以便分享他們掠奪物之一部份，甚至收用若干海盜於其政府裏面。

在上引兩段文中，柬埔寨、占城及廣南互相攻戰之消息是從廣南之葡萄牙人傳至澳門，從澳門再傳至暹羅之荷蘭商館，然後再傳至長崎出島之荷蘭商館，其間，不但閱過長久之時間，而且其內容亦難免傳訛；據管見該項消息似指上述占人婆爭及華商吳朗在一六九二—一六九四年間之叛變以及大批占籍難民之投靠柬埔寨王匿秋而造成之廣南柬埔寨間緊張之事態；荷人可能以此誤會爲三國間之交戰。至於七月三日阿蘭陀風說書第二項消息及 Hendrick Deykman 之日記則無不揭露陳上川部隊之重新佔據湄公河々口以及陳上川與匿秋間之新關係。以南移華人之立場而言，既然捨東寧而走依廣南，本就甘心爲阮主執犬馬之勞，但身在柬埔寨，寄人籬下，事事未便過於計較，尤其在阮府未暇南顧之時，更需要委曲求全。筆者相信此種顧慮促使陳上川部與正王匿秋之間達成如 Hendrik Dykman 之日誌所載之妥協。緣有此事，以後乙亥（一六九五）、丙子（一六九六）及丁丑（一六九七）之三年間，柬埔寨可以維持了平靜的局面。事實上，乙亥年（一六九五）五十九番寧波船申口，丙子年（一六九六）五十一番柬埔寨船（六月十八日離柬）申口，以及丁丑年（一六九七）七十七番柬埔寨船（五月八日離柬）申口均稱柬境海不揚波，相安無事。（45）

七、嘉定府之設置與陳上川之去世（一六九八—一七一五）

廣南之明王（阮福淍，顯宗，一六九一—一七二五）是一位年青有爲，有朝氣有魄力之君主，但自從辛未年（一六九一）正月繼業後（時十七歲），占主婆爭、平順僑商吳朗（阿班）以及廣義華商靈（欠姓）（乙亥年，一六九五年九月）相繼倡亂，使阮府忙於應付，無法顧及南圻。迨明王繼業之第七年（一六九八），阮府終於向柬埔寨採取行動以謀打開僵局。實錄前編（卷七）顯宗戊寅七年（一六九八）二月條云：

初置嘉定府。命統率阮有鏡經略眞臘，分東浦地，以鹿野處爲福隆縣今陞爲府，建鎮邊營即今邊和；柴棍處爲新平縣（今陞爲府），建藩鎭營（即今嘉定）。營各設留守、該簿、記錄及奇隊船、水步精兵、屬兵。斥地千里，得戶逾四方，乃招募布政以南流民以實之。設立社村坊邑，區別界分，開墾田土，定租庸稅例，攢修丁田簿籍。又以淸人來商居鎭邊者立爲淸河社，居藩鎭者立爲明香社（今明鄉），於是淸商、居人悉爲編戶矣。

阮有鏡是南阮名將阮有鎰之次子（即阮有豪之弟），少從父征伐有功，授該奇，於壬申年（一六九二）平順占主婆爭叛變，奉命往征。其傳見於大南列傳前編（卷三）。

嘉定府所轄之範圍是從前之東浦地區，而主要之行政劃分爲兩縣兩營兩社。具體地講，鹿野處（Dong Nai，即農耐，亦稱同泥）爲福隆縣，屬於軍政單位之鎭邊營（設在現今之邊和）；一面，柴棍處（Prey-kor，即今西貢、提岸一帶）爲新平縣，屬於藩鎭營（設在現今嘉定），兩縣之總人口約有四萬多戶；另外特設淸河社在鎭邊，明香社在藩鎭以收容南來經商或居住之華（淸）人。從實錄前編此段文，我們尚可知道：

一、嘉定府之開設是阮府「命統率阮有鏡經略眞臘」的結果。此句文實耐人尋味，幾可解釋作阮府向眞臘（即柬埔寨）之軍事行動乃至軍事征服。

二、嘉定府包括陳上川部入殖之邊和（大舖洲）地區，而未將楊彥迪及黃進所部佔據之美湫地區列入。這個事實當可證實邊和之成聚與發展比美湫爲早，且較爲可觀。

三、明香社原爲明末淸初南移之明人在中圻會安（Hoi-an; Faifo）所設立之特殊村落；其設立之年代在一六五〇年左右（46）。一面，淸河社之名顯然沿襲順化城北香江河岸之「（大明客屬）淸河庯」之名。該庯亦在一六四〇年左右爲南渡之明商所建立，是十七、八世紀順化之港口及商業區。（47）有不少跡象可令人推想新開地鹿野、柴棍地區吸引了會安明香社及順化清河庯之許多華商及華裔南來經商或從事開拓（48），及至阮府開設嘉定府，便取其籍貫之名以稱新設之社村。

總之，嘉定府是阮主，也是越人之政權在南圻首設的行政機構，在南圻開拓史上佔有特殊之重要性。一向中外史家無不根據實錄此條文，以明王之戊寅七年（一六九八）視爲該府設置之年代，而其主持人爲阮有鏡。其實，實錄前編之如此年代觀頗有疑問。據管見，此年阮有鏡之南來祇帶有外交交涉之使命而已。戊寅年（一六九八）四月廿三日離柬赴日之三十八番柬埔寨船申口云：（49）

次に柬埔寨之儀，相替儀は無御座候得共，當二月に廣南屋形より使者被差越，船數四艘に人數三百人余乘渡り申候。其趣旨は，前廉柬埔寨より廣南江貢禮相勤申候處に，近年貢禮相勤不申候，依之如舊例貢禮相勤申候樣にとの儀に有之候，若承引無之においては，兵船を差向可申之由に御座候段承申候。尤右使者船，私共出船之時分迄は，滯船仕罷在候。其後何程に成行申候も存不申候。且又柬埔寨近鄰之奧國，何方も異變之沙汰無之段傳承申候。

（中譯）柬埔寨（之局面）雖無改變，惟於本年二月間廣南國王曾派使節及隨員三百餘人搭四艘船來至柬國；據說其目的是：緣前柬埔寨向廣南執朝貢之禮，而近年來則告絕；因此勸告該國如前向廣南納貢，假使柬方不聽，（廣南）將派兵南來問罪。迄我們出航時，該使節之船隻依然停泊於柬國，未聞其後情勢之演變。至於柬埔寨鄰近之內地諸國都未聞異變之消息云。

此篇申口所言阮使南下之日期恰恰與上引實錄前編所言統率阮有鏡之經畧眞臘屬於同年同月（戊寅年二月）；再者，戊寅年三十八番柬埔寨船是「柬埔寨屋形より仕出し之船」，即柬埔寨王家所派販日之船，船上之搭客除四十九名唐人外還有兩名柬埔寨人同來。此兩名柬埔寨人無疑是匿秋親信之官員而奉派隨船赴日，以料理商務，足見該篇申口所言之出處是柬國官方，具有絕大之可靠性。另一面，看幾年來高棉之政局，如上文所述，自從一六九〇年阮有豪所部退出南圻後，一六九一年秋間二王匿嫩死，嗣子（即匿淹）於翌年（一六九二）年初也逃亡廣南，於是匿秋收回柬埔寨全土，正王、二王對峙之局面已不再存在。一面，自從一六九二年八月至一六九五年九月之間，阮府爲占主婆爭，吳朗、華商鑒等人在古城地區之叛亂所困擾，不夠餘力顧及南陲，在此情形之下柬埔寨王匿秋毅然斷絕向廣南阮府之朝貢關係，是十分可以發生的事情。同年（戊寅，一六九八）四十番柬埔寨船（五月廿一日離柬）申口也述及廣南王遣使南下之事，且言明廣南使臣之船業於「五月中旬」返國（50）；又同年六十九番柬埔寨船（六月初一日離柬）則云柬埔寨國中極其泰平（51），更可證實上引實錄之文所謂阮有鏡之經畧眞臘，不過是南來向匿秋王傳達恢復貢禮之要求，事畢則同年五月中乘原船返國，其間根本未有開設嘉定府這一回事。

阮有鏡之南來是否僅向匿秋催促恢復貢禮，或者也包含土地割讓之要求，實錄前編並無明文交代，不過有一件事確實可言者，是此次阮府之要求未爲匿秋所接受，致使雙方之關係日趨險惡。至翌年（一六九九）七月間駐留瀛洲之陳上川已將匿秋防備之概況報告阮府。實錄前編顯宗己卯八年（一六九九）秋七月條云：

眞臘匿秋反，築碧堆、南榮、求南諸壘，擾掠商民。龍門將陳上川防駐瀛洲今屬永隆，以事聞。冬十月復命阮有鏡爲統率，該簿范錦龍爲參謀，鎮邊營留守阮有慶爲前鋒，領平康、鎮邊二營兵及廣南七船屬兵同龍門將士伐之。

可見明王已決意出兵南征柬埔寨，於十月間已開始任命各將領以組成遠征軍。己卯年（一六九九）六十番廣南船（七月廿七日離會安）之申口云：（52）

柬埔寨國之儀，小國にて御座候に付，前々より廣南へ致貢禮來り申候。然ば去年廣南屋形より柬埔寨屋形へ申遣候は，自分に廣南へ罷越，貢禮相勤可然候，左候はば向後君臣之禮義に可致との儀に御座候處に，右之趣柬埔寨屋形承引不仕，依之廣南屋形より兵船數百艘去今用意仕，柬埔寨へ差向け申筈に議定有之候。兵船壹艘に漸五拾人之兵卒乘組申程之小船にて御座候。然處に兼而柬埔寨湊口に居申候海賊陳尙川と申者，此儀を承，幸に存，則廣南屋形へ馳參，致一味を，權柄を請取，兵船之頭人に罷成，柬埔寨へ差向け申筈に御座候。私共彼地出帆仕申候迄は，未兵船共乘出し不申候，如何和睦仕申候哉，彌右之通に騷動仕候歟，以後之程は存不申候。

（中譯）因柬埔寨是小國，歷來向廣南貢獻。去年（一六九八）廣南王曾派人促柬埔寨王親來納貢，並告以如肯聽命則今後當可增張君臣間之禮儀，但柬埔寨王却不答應該項要求。因此，日來廣南王忙於調動兵船數百艘，議定將之差遣柬埔寨每艘兵船是祇可載兵率五十名左右小船。此時一向佔據柬埔寨港口之海盜陳尙（上）川者聞悉，自度良機可乘，連忙來謁廣南王，與之結盟，並求得權柄，成爲兵船之頭目，正擬開往柬埔寨。當本船從彼地出帆時，該批兵船尚未啓行，將來雙方可否言和，或者掀起騷動，不得而知。

同樣的消息亦見於同年六十一番廣南船（七月廿九日離廣南）及六十二番廣南船（七月廿二日離廣南）之申口。（53）這些申口首先揭露匿秋拒絕阮府要求之眞相是因阮方强要匿秋本身到廣南，親自向明王辦理貢禮！這是古來遠東國際社會中宗主國要考驗附庸國忠誠與否，或者要藉口滋事時所採取之常套手段，匿秋怎猜不出謎底而敢冒險以赴？其次，阮有鏡之奉命南來必定使陳上川與匿秋之妥協關係破裂；陳上川知悉阮府將對柬國採取强硬政策，便拋棄一切與匿秋之關係而恢復與阮府全面的合作。實錄前編（卷七）己卯八年（一六九九）七月條猶稱上川爲「龍門將」，而在翌庚辰九年（一七〇〇）三月條則稱他爲「統兵」，此應指陳上川之任廣南「兵船之頭人」，當在己卯年（一六九九）七月間六十番、六十一番及六十二番廣南船未離開廣南之時。

再據己卯年（一六九九）三十四番及五十三番兩艘柬埔寨船之申口，陳尙（上）川之船隊於同年五月底以前已開始封鎖湄公河之交通，亦即開始向柬國實施了戰略性及經濟的制裁。照其所述，同年(一六九九)從中國赴柬之七艘商船當中，有四艘於返唐時在柬埔寨港外（當指幽東港外）爲陳上川部數十艘「賊船」所阻，被强徵過半載貨之後折返柬埔寨。又在三十四番及五十三番兩船當中，洪鐘官之三十四番船（六月十五日離柬）曾擺脫陳上川船隊之攔截而安抵日本；劉三官之五十三番船則同年二月間從寧波抵柬時爲陳尙川之「賊船」所攔截，被搶奪許多貨物，但到同年六月十八日劉船離柬赴日時，販柬各唐船與「賊船」之間已商定爾後每艘唐船交出若干載貨予「賊船」以換取陳上川部不干擾之保證，因此劉船並未被奪商貨而安然抵達長崎。（54）

按當時往販柬埔寨、暹羅及廣南之中國海客們都視南移之明鄭部隊爲「海賊」。這可能由於雙方立場及環

境之不同所致。這一羣商客們都是籍貫在東南沿海之淸商，所以對於明鄭殘黨之船隊總抱有一種嫌惡乃至恐怖感。反面，以楊彥迪、陳上川等人之立場而言，這一羣商客們等於向異族投降的無恥的夤隴份子，得自由往還日本、南海各地經商以收到莫大利潤，那末向他們索取一些商貨那有不當？何況己卯年（一六九九）六，七月間，陳上川船隊明明是配合廣南阮府之對柬强硬策而實施湄公河之封鎖，務使柬埔寨就範，絕無往販柬國之船可以自由航行之理。還有一事值得注意者是己卯年三十四番及五十三番兩艘柬埔寨船之申口均言明海賊們雖奪取載貨之一部份乃至過半，但並未加害船上任何人；他們既不奪船，也不收取全部載貨，且對任何商客都不加害，由此可知他們並非普通之海盜。

阮府之柬埔寨遠征籌備了七，八個月，至翌庚辰年（一七〇〇）二月即開始作戰。戰爭繼續約兩個月，其間陳上川所部始終担當阮軍之前鋒，而獲得彪炳的戰績。實錄前編（卷七）顯宗庚辰九年二月、三月及四月條云：

> 二月，阮有鏡率諸道兵入眞臘，次於魚溪，使人覘虛實，分道進發。 三月，統兵陳上川與賊連戰，皆克之。師至南榮碧堆壘，匿秋以兵迎戰。阮有鏡戎服立於船頭，拔劍麾旗，督諸軍急戰，礮聲如雷，匿秋大驚，棄城走。匿淹（二王匿嫩之子）出降。有鏡入城，安撫居民。夏四月，匿秋詣軍門降，乞修職貢。阮有鏡以捷聞，退兵屯於牢堆，經理邊事。

此文告知我們阮軍之作戰非常順利，從庚辰年（一七〇〇）二月阮有鏡所部抵達魚溪（Rach Ca），三月即開始行動，不出兩個月，阮軍不但攻佔了南榮（即金邊），而且匿秋也來降，乞修職貢，可謂阮有鏡，陳上川等將領指揮有方，迅速地達成了作戰目的。在此次戰事之中引人注意的事象是二王匿嫩遺子之匿淹（Angk Em）在南榮向阮軍出降一事。此人就是壬申年（一六九二）五十八番柬埔寨船所提於壬申年初奔於廣南依靠阮主之匿嫩幼子；該船之商客們雖未言明其名，但我們毫無疑問地可相信這位幼子就是匿淹。投歸廣南後匿淹之處境如何不甚分明，但戊寅年（一六九八）二月阮有鏡出使柬埔寨時匿淹似隨之返南。實錄前編（卷七）顯宗乙酉十四年（一七〇五）七月條云：

（匿）淹，匿嫩之子也。先是匿嫩死，匿秋封淹爲參的詫膠錘（Samdach chey choettha?），以其女妻之。

據管見，此條文所言應該指戊寅（一六九八）年匿淹返國後的事情。

再據高棉方面史傳，一六九九—一七〇〇年間阮軍在柬埔寨之征戰並不像實錄前編所述那麼輕易。據Leclère高棉史所載，此次戰事之主角一位柬埔寨官員Oknha Narin Em。他陰謀不軌，獲得廣南王兩萬援軍以進攻匿秋。匿秋雖一度出走Pothisath，但其子匿深（Préah Srey Thommo Réachéa）與從前叛變過的副王（Obayureach，即匿嫩）之遺子而年前（一六九八）由廣南返國之淹王子（Prince Em，即匿淹）却合力擊退阮軍，逼阮軍遺留主謀者之Oknha Narin Em而退據廣南王不久以前交還柬埔寨國王之柴棍、邊和及婆地（Baria）等南部諸省。該書繼云：

這些省份從此就留在越人手裏。吾人未詳當一六九一年（筆者註：應是一六九〇年）副王匿嫩（Obayureach Angk Non）叛變時是否向廣南王相約割讓此等地方；或者Oknha Narin Em將這些省份交給廣南以爲獲得援軍之交換條件。也有人說，爲了避免廣南軍隊之背離，廣南王曾准許其將領們佔取之……總之，自從翌年（一七〇〇）該地方被劃分地界，被置於廣南官員管治之下。這些官員由指揮遠征軍之統帥所任命；該統帥坐鎮柴棍，且握住軍、政全權。於是柬埔寨完全喪失此塊土地矣。（55）

據Leclere之所誌，阮軍之佔據柬南三省是在南榮戰線敗退的結果。實錄前編當然不提此事，不過有一段似乎暗示阮軍敗退之記事。實錄前編（卷七）顯宗庚辰九年（一七〇〇）五月條云：

統率掌奇阮有鏡卒。初有鏡屯兵牢堆，會大風雨，牢堆山崩聲如雷，夜夢一人赤面白眉手持斧鉞謂曰：將軍宜早回轅，久留將不利。有鏡笑曰：命在天，豈在此地耶。既覺身體倦懣，亦談笑自若，以安軍情。及疾篤，乃嘆曰：我欲竭力報國，奈天數有限，豈人力所能爲哉，遂引兵回至岑溪（屬定祥省）而卒，時年五十一。上聞之悼惜，贈協贊功臣，特進掌營，謚忠勤，賜金帛厚葬，其後大著靈異，眞臘人立祠祀之。

此文之所言是有關阮有鏡陣歿之傳說，但也講明阮軍從柬境牢堆退至美湫附近之岑溪（Rach Gam），幾可令人推想實錄前編之撰者故意舞文弄墨以統率阮有鏡之死亡來掩飾阮軍敗退之事實。不管其動機與用意何在，如果綜合上面所考，我們要率直承認一個很明顯的事實，就是阮府在南圻地區首設嘉定府應在庚辰年（一七〇〇）阮有鏡軍南征柬埔寨的直接結果，並非像實錄前編之所載，設於兩年前之戊寅（一六九八）年間。

阮府之柬埔塞出兵以及嘉定府之設置在柬國內政方面造成了一種新事象，就是同年年底匿秋宣布第三次的退位，由匿淹繼位爲國王一事。這個事件令人推想柬廷鑑於阮主在柬埔塞東南部（即今南圻）重獲基地，自願（或被迫）擁立一向親阮之匿淹爲國王以應付嘉定府之開設所帶來之新局面，同時也藉此表示柬國王室匿秋、匿嫩兩派之爭執已告解消。可惜，兩派間如此友好的關係未能維持長久，翌年（一七〇一）匿淹突被廢立，再由匿秋復位（第四次）。此事無異暗示柬廷與阮府間之協調發生破綻，雙方的關係又告緊了。

果然柬國境內不久就發生柬人 Phiren Kim 之叛亂。Phiren Kim 係柬國顯貴，處心積慮，陰謀篡立，靠阮兵之助突攻幽東，乘勝直薄 Pothisath，後被匿秋擊敗成虜。這段史事祇見於 Leclère 之高棉史（56），實錄前編片言隻字不提，但在販日商客們之報告中却有若干蛛絲馬跡可尋。例如，辛巳年（一七〇一）五十八番占城船（七月八日離歸仁？）之申口云：「從來柬埔寨向廣南王進貢，因近年來違約，風聞廣南王擬將興師問罪，惟確否尚未可知」（57）；又壬申年（一七〇二）八十九番（廣南？）船申口也畧云：「迄去年（一七〇一）廣南與柬埔寨國王不和，但從今年（一七〇二）春間起雙方已和解矣」（58），可知在辛巳年（一七〇一）之間阮府與柬廷之間確有過糾紛乃至衝突。

Phiren Kim 事件解決後不久，於一七〇二年匿秋又倦政而宣布退位（第四次），而此次乃由其十二歲之長子匿深（Préah Srey Thommo Réachéa）繼位。匿深治下之數年間柬埔寨維持了小康狀態；四年前（一六九九）遷往 Pothisath 之柬國王廷也於一七〇三年遷回幽東，足見柬國局勢確實緩和了。但到一七〇四年，未詳何故，匿深突告退位，復由匿秋重祚（第五次）（59）。匿秋之第五次朝代似乎甚短，據 Leclère 所誌，不出兩年，一七〇六年匿秋又宣布退位（第五次），復由匿深承統（60）。惟據管見，柬埔寨王位之授受可能在一七〇五年前半年就發生，蓋因實錄前編（卷七）乙酉年（一七〇五）有關柬埔寨之記事已以匿深爲交涉之對象。匿深繼承後，新王與匿淹之關係日益冷淡，互相疑忌，終於發生內戰，引起了暹羅及阮主先後派兵介入。實錄前編將此亂發生之年代繫於顯宗乙酉十四年（一七〇五）秋七月條。該文曰：

> 命正統該奇阮久雲（阮久翊之子）伐眞臘，送匿淹還國。淹匿嫩之子也。先是匿嫩死，匿秋封淹爲參的詫膠鍾，以其女妻之。後秋以年老，傳位於其子匿深。匿深疑淹有異志，構兵相攻，又援暹羅爲助。淹奔嘉定請援于朝，上乃命雲領嘉定水步兵進攻匿深。雲至岑溪，遇暹兵，大破之。深與其弟匿新奔于暹，匿淹復歸羅壁城……眞臘既平，雲因墾田於虬澳（屬定祥省）爲軍民倡，又以賊兵常出此地擾我軍後，乃起築長壘以固備禦焉。

此段文之所載與高棉史書之所傳大致符合，不過，Leclère以此次戰事發生於一七〇八年，並以其主因爲柬境牢人（即寮國難民）領袖匿吹盆（Sokomobat）、匿淹及阮府三者合謀以攻襲匿深與暹羅之援軍，頗有國際紛爭性格。（61）惟據管見，此次戰事殆不可能發生於一七〇八年間。按越、柬雙方史料，均以此亂之發生繫在匿深第二次朝代；一面丙戌年（一七〇六）之四十六番廣南船及丁亥年（一七〇七）七十七番廣南船申口均稱廣南境內平靜無事（62）；戊子年（一七〇八）一百零四番柬埔寨船亦稱柬埔寨及鄰近諸國毫無異變（63）；所以綜考這些史文，以該亂發生於一七〇五年後半年當較爲合理。

由於阮久雲所部之擊敗暹羅援軍以及匿淹之復歸羅壁城（Lovek），柬埔寨境內重新出現了親阮政權。遜王匿秋仍留幽東，向阮府表示恭順（64），但匿深及其弟匿新（Angk Tong）則亡命暹羅，在暹羅王廷保護之下伺窺恢復之機會。這種不明朗的局面一直繼續至一七一一年：阮久雲軍在虬澳（Cu-ao）墾田之目的當然是在擁護匿淹政權，一面以提防柬境局面之惡化。

在此五、六年間，越柬雙方之史料均未提及陳上川及其龍門部隊之動靜。我們僅知當一七一一年時陳上川已任藩鎮營總兵。由於柬埔寨政局之緊張，陳上川之名也再出現阮朝史書。實錄前編（卷八）顯宗辛卯二十年（一七一一）冬十月條曰：

> 眞臘匿深自暹還，與屋牙高羅歆謀害匿淹。匿淹使哀牢人匿吹盆馳報，鎮邊、藩鎮二營請兵赴援，副將阮久雲，總兵陳上川以聞。上賜書報曰：匿淹歸命稱臣，固宜慰納，但匿深乃匿秋之子，匿秋朝貢不廢，何忍加兵，卿等須細探敵情，隨機應變，使匿深解怨，匿淹保全，策之上也。

此文反映一七一一年匿深返國後匿淹政權周章狼狽之狀，但明王却採取愼重的態度，指示兩將不要動武，以和平手段設法使匿深、匿淹兩者解怨媾和爲上策。明王如此溫和鎮定之態度於翌年（一七一二）八月間藉派人赴柬採購漆料之便，似乎再向匿秋表明（65）；即使到癸巳年（一七一三）正月間，嘉定府當局將匿秋謀反之具體證據報告明王時，明王還再三致書匿秋，勸其愼思，勿生邊患，宜弭兵戈以安生民，結果使匿秋打消原來之企圖（66）。明王保持如此愼重態度的主因，據管見，與阮府對北圻鄭主之政策有關。自從一六九一年明王繼業後，北鄭、南阮兩主間雖未發生過軍事衝突，但雙方嚴陣以待，未曾鬆弛。庚寅十九年（一七一〇）四月及癸巳二十二年（一七一三）九月，明王兩度出巡廣平、布政、留屯等前線諸壘，頗有意揮軍北進（67）。顯然明王在遂行父祖相承統一南北越南事業之前，不願在南境滋事以分散其軍事力量。

儘管明王温和求全的態度，到甲午年（一七一四）十月柬埔寨境內兩派勢力之對立終於變成武鬥了。此時陳上川已昇任藩鎮都督。實錄前編顯宗甲午二十三年（一七一四）十月條云：

眞臘匿深與其臣高羅歆興兵鬪匿淹甚急。匿淹求吹盆桲應援，吹盆桲選所屬兵二千人回陸道。時匿深兵四萬，匿淹與吹盆桲兵不滿萬，匿淹慮其兵少，求援于藩鎮、鎮邊二營。藩鎮都督陳上川發兵過柴棍，鎮邊副將阮久富發兵駐雷巤，水軍駐美湫，遥爲聲援，使人具事以聞。上報曰：閫外之事悉委二卿，當審其攻守之宜，以安藩服，因命平康營左步該奇阮久霑領平康水步二十六船爲二營應，以廣南營左水奇四船兵接守平康，又令鎮邊營選內府各屬民，以充兵數，諭以事平，仍依舊制。

同年十一月條云：

鎮邊、藩鎮二營將士與吹盆桲、匿淹合兵圍匿深于羅壁城。高羅歆先已遁去。匿秋具書請罪言，匿深信用佞臣高羅歆，遂致兄弟不和，激成亂釁，請立新王以守其國，無使屠害生靈。陳上川、阮久富以聞，上大喜報二將曰：閫以外將軍制之，當臨敵決勝，制服遠人，至如請立新王，待後徐議。

乙未二十四年（一七一五）春正月條繼云：

眞臘匿深在羅壁城，勢日窮蹙，遂放火燒賊中廬舍，出南門遁去。匿秋聞之亦遁，陳上川、阮久富督軍入城，盡收其器仗，復偵得匿秋在冰水塔，使匿淹招之。匿秋懼不敢出，願以位讓匿淹。二將以狀聞。上命封匿淹（一名嬌葩）爲眞臘國王，賜書諭匿秋，（諭文從畧），又以匿深、高羅歆一時逃難，或復滋蔓，密諭匿淹安集其民以備之。

關於一七一四—一七一五年阮府出兵之經過，上引實錄前編之文與高棉史傳之所載大致相同。據 Leclère 高棉史，一七〇五年從永珍（Vieng chan）被逐之寮國王族 Obareach 或 Phya Nakan（Nakor Nagara）偕眷屬五千名遁入高棉要求庇護，獲准下居 Bati 地方。三年後（一七〇八）這批寮人移民與柬埔寨官員衝突，遂分成三批，一批奔入內地，一批在領袖吹盆桴(Sokonnobat)率領之下亡命廣南，另一批則去依靠匿淹，匿淹便連合吹盆桴及廣南官員，武裝了兩萬越人，另外再組或一萬山地民 Kuoy 族及 Samré 族(即上引文中之「內府各屬民」)之部隊以進襲幽東城。匿深及十八歲之弟匿新被困於城中。他們被圍三個月後，利用黑夜突圍遁走。(68)

關於這次的戰亂，暹羅船唐商的所述也大致上相同。丁酉年（一七一七）暹羅船（缺號碼；丙申年一七一六年四月六日離暹）之申口云：（69）

暹羅之儀，國中は相替儀も無御座候。乍然屬國柬埔寨之兩屋形，山王、水王と申候は緣者に御座候處に，去る甲午年山王之臣偓雅洪之官吳達舍と申者之勸により，兩屋形及鉾楯申候。然處而に水王より却而廣南國江援兵を求候得ば，廣南王より摠兵之官陳氏、翁氏兩營之兵を進め，山王を攻討申候に付，山王方及敗軍，翌未正月に，山王幷吳達舍共に暹羅江逃去申候。

（中譯）至於暹羅，國中並無改變，然其屬國柬埔寨之兩位國王山王及水王原爲親屬；於去歲甲午年（一七一四）由於山王之臣偓雅洪之官吳達舍之慫恿，致兩王以干戈相見，因水王請援兵於廣南國，廣南王便派總兵陳氏及翁氏率兩營之兵攻討山王，結果山王潰敗，於翌（乙）未年（一七一五）正月偕吳達舍逃亡於暹羅。

此文中之山王與水王，當然指匿深與匿淹。山王與水王之別，一如七世紀時陸眞臘與水眞臘之對立，令人推想以「陸」(山)與「水」冠於兩個對立政權之習慣仍然在高棉存續。其次，「總兵之官陳氏、翁氏」無疑的指陳上川與阮久富，越語「翁」(ong)是男性第二、第三人稱之敬稱。至於山王（匿深）之臣「偓雅洪之官吳達舍」顯然是實錄前編之「高羅歆」。「偓雅」或作「屋雅」、「握雅」、「握耶」、「屋牙」等，均是高棉語 Okhna 之譯音，義同「大臣」(70)；「高羅歆」(越讀 Cao-la-ham)是棉語 Kalahom 之譯音，義同「元帥」；所以「偓雅洪」可能是 Okhna Kalahom 之譯音，與「握亞往」同。値得注意者，是此位偓雅洪之姓名爲吳達舍，「舍」是閩南語指官員或社會上有地位人物之敬稱，可知此人物是南移之一位閩人；一面藩鎭都督陳上川是廣東人；河仙鎭總兵鄚玖是雷州人（71），足見十七世紀後葉廣南、柬埔寨、暹羅國際關係史上南投華人曾担任主要角色。

一七一五年初明王正式册封匿淹爲眞臘國王，表面上看來，親阮之匿淹君臨柬埔寨全土，暹羅勢力後退，廣南在南境之聲威重振，但匿深，匿新兄弟與謀臣吳達舍仍在暹羅，暹王 Tai Sra（1709—1732）鼎力支持，伺機欲動，使柬國局面不容樂觀。因此，明王便有「密諭匿淹安集其民以備之」。事實上，在乙未年（一七一五）二月，匿深已引暹兵來寇河仙（Ha-tien），總兵鄚玖拒之不克，走據隴棋（Ream），匿深盡掠財物而去。再到同年四月，暹方也正式開始干與柬國內政了。實錄前編（卷八）顯宗乙未二十四年（一七一五）夏四月條云：

暹羅使人齎書責眞臘匿淹啓釁，又欲發兵以助匿深。匿淹告急於鎭邊、藩鎭二營，陳上川、阮久富以事聞。上以兵難遙度，令二將隨宜措置，又慮淹兵力不給，悉以所獲器仗賜之，併還所俘人口，匿淹感謝，獻象六匹，命受之。

此文未講明暹羅之出兵，但棉方史傳則肯定的說暹羅之援軍於本年已來棉了。Leclère高棉史云：（72）

次年（一七一五）暹羅國王差遣使臣及一千五百名士兵抵棉，以要求篡立之王子（即匿淹）將王位交還Thommo Réachéa王（即匿深）。時匿深、其弟匿新、其子Angk Em與暹將 Chauponhéa Pohullatep和Chauponhéa Réachéa Sauphéa vodey所率領暹軍逗留在Battambang。高棉新王（即匿淹）拒絕此奇異的提議，並不准該三位王子停留國內，蓋因他們之出現可能困擾王國。

一面，Garnier之高棉紀年史也云：（73）

小曆一六三七年（公元一七一五年）Prea Keo Fea（即嬌葩，匿淹之別名）三十五歲時，Prea Srey Thomea（即匿深）與Prea Ang Tong（即匿新），時廿四歲，前往阿瑜陀耶京(Srey ay juthjea)求援。暹王差遣兩將Chau Ponhea Pol Tep和Chau Ponhea Reach Sophea Vodey領兵一千五百赴Battambang 以修和並護送上述高棉王族返國。但因Prea Keo Fea 拒納他們，所以小曆一六三八年（公元一七一六年）兩Chau Ponhea 再護送高棉王族們返阿瑜陀耶京。

可見在一七一五年間，支持匿深之暹羅援軍與匿淹之間曾有一次衝突，結果，暹軍不敵而引返本國。不過，暹王 Tai Sra 堅決扶助匿深，在翌年（一七一六）再度下令出師以貫徹匿深復位之意願。關於此次戰爭，實錄前編未予提及，但棉方史料及販日商客們都有留下記錄。上引丁酉年（一七一七）暹羅船申口纖稱：（74）

其後吳達舍も去年正月に於暹羅死仕候。依之暹羅より人を遣し柬埔寨之消息承申候處に，柬埔寨に罷在候山王之父王より申來候は，元來吳達舍反逆に付，如此之國亂と罷成候間，前々之通暹羅江貢納いたし，和睦之扱ひに可仕由に御座候。然共暹羅王，殊外山王を取持被申，去年三月に暹羅より大象百疋，數千之兵卒を以，陸路より直に柬埔寨之黃杲と申所江差向被申候處に，水主より防守之兵を國境に出し，堅固に相防ぎ申候に付，暹羅王大に怒を發し，重而水陸兩手より兵を進め被申筈之由，私共出船之砌承申候。

（中譯）其後，吳達舍於去年（一七一六）正月在暹羅病死，因之暹羅方面派人探視柬埔寨消息。留在柬國之山王之父王（即指匿秋）告稱：原來爲了吳達舍叛變，引起如此舉國大亂，（今吳達舍旣死）願向暹羅如前納貢以謀雙方和睦。然而暹王非常袒護山王，便於去年（一七一六）三月派大象百隻及數千士兵由陸路直達柬埔寨之黃杲。水王也派出防守之兵於國境，堅固地防戰。暹王獲悉大發雷霆，正擬重新由水陸兩路派兵，這是我們啓程時所聽聞之消息。

此文中之黃杲（日音：Ko-ka）無疑的是Cancao（港口）之譯音，乃指鄭玖所經營之河仙（Ha-tien）。此文所言是一七一六年三月間暹軍之東來以及匿淹積極之防戰佈置，但未述及雙方戰鬥之經過。Garnier 之高棉紀年史繼曰：（75）

（公元一七一六年）Prea Srey Thomea（即匿深）告辭暹王，先差其弟Prea Ang Tong(即匿新)返國以策動人民起義。暹兵亦開至Battambang 及Puthisat以煽動高棉人民。時Prea Keo Fea即匿淹率領安南人部隊來攻，使Prea Ang Tong王子受傷而奔於Prey. Rusanh以待暹軍救援。Prea Srey Thoméa當小曆一六三九年（公元一七一七）時廿八歲。此年暹王遣Prea Casa及Phuhea Dechu兩將領水兵五千，另派Phuhea Cha Krey與許多將領督陸兵一萬。國王(暹王?)亦親率暹兵而至。Preah Ang Tong從Sery Rusanh引率山地民參戰。Prea Keo Fea 攻擊登陸在 Bonteay Meas（即河仙）之暹軍。結果有一隻暹方大船被焚，暹軍終於引返阿瑜陀耶京。

此文講淸楚安南軍（即阮軍）與匿淹之聯軍在河仙與暹軍及匿深之盟軍間之戰鬥，由此可知，雖然實錄前編未予述及，實際上陳上川及阮久雲所屬之廣南軍隊也參戰，而且擊退了暹軍。（76）同樣的記載也見於Leclère之高棉史及W. A. Wood之暹羅史（77）；一面戊戌年（一七一八）二十三番暹羅船（五月廿九日離暹）申口亦提及在黃杲（河仙）一帶之戰爭，並稱廣南王幫助水王（匿淹），曾有幾次攻戰，戰事未停，致使該船經過廣南近海時被阮方誤認而被炮擊（78），可知到一七一八年五、六月間雙方仍在對敵交戰之狀態。不過最具體且仔細的記載見於一七二〇年親睹河仙戰蹟之A. Hamilton 之旅行記。其文曰：（79）

其地（Ponteamas，即河仙）直至一七一七年遭暹羅水軍刼掠爲止甚爲繁榮。暹軍入侵時，高棉王（即匿淹）以無法抗拒，乃命堅壁淸野，並求援於交趾支那王（即廣南阮主）。阮王以納貢稱臣爲條件，遣派一萬五千陸軍及三千裝備良好之水軍兼程赴援。暹陸軍雖擁有越棉聯軍兩倍以上之兵員及四倍以上之船隊，但其陸軍一入棉境即發現一片焦土，不久軍糧不繼，遂屠殺從軍挽獸、象及馬以充饑，致使疫病蔓延，不出兩月軍士減至一半，餘衆則不堪棉軍之遊擊而撤回本國。暹水軍亦未有更佳之表現。暹船隊一到河仙，即遣小戰船往攻鎮城，獲得相當可觀之戰果，只象牙一項，則有兩百噸以上被焚。暹方大船及輸送船則集結於四哩餘之港外。廣南戰船乘機襲擊大船，將其若干艘燒燬，並强迫其餘船隻靠岸，一面暹軍小舟艇則已深入狹小河川，非漲潮無法出援。廣南軍作此次攻擊之後則告退，不願與優勢之敵人交鋒。暹羅船隊深恐發生饑饉，乃蒼惶引回暹羅。於一七二〇年余曾親睹若干殘破之船以及 Ponteamas 鎮之廢墟。

列傳前編（卷六）陳上川傳敍述顯宗乙未二十四年（一七一五）夏四月陳上川、阮久富兩將向阮府報告暹王差人來責問匿淹起釁，擬發兵助匿深復位之消息後，繼稱：

上川尋病卒，鎮邊人思其功立祠祀之。

可知藩鎮都督陳上川於乙未年（一七一五）四、五月間辭世，結束了他波瀾萬丈之生涯。關於陳上川之身世，列傳前編（卷六）僅謂「字勝才，廣東人」；鄭懷德艮齋詩集，退食追編，題陳將軍廟下註曰：「陳大明總兵，名勝才，廣東高州府吳川縣人」，（80）此當屬最可靠之所傳。上川卒後，阮府篤念其生前功勞，追贈「輔國都督，春秋二祭」。另外，通志，城池志，永淸鎮禮公祠（阮有鏡祠）條云：

其陳將軍屢與賊戰，彼素敬畏，後亦於其處立祠，與藩鎮之新安社，鎮邊之新鄰村慨慕其開墾之功，而廟亦香火不絕。

據上文，陳上川祠凡有三；分別坐落於：

一、永淸鎮後江大洲（即禮公洲）；

二、藩安鎮（鎮邊營）之新安社；

三、邊和鎮（鎮邊營）之新鄰村。

此外，大南一統志，嘉定省，祠廟條載錄另一處陳將軍祠。其文曰：

陳將軍祠在平陽省從政村地，將軍姓陳，名上川，廣東人，爲明總兵。明祚告終，不忍臣清，歸義本朝，征高蠻有功；又於柴棍建立舖市，招商客。後人追思功德，立祠祀之。明命（一八二〇—四〇）、紹治（一八四一—四七）年間並封贈爲上等神。至今社民奉祀，香火常新。

又癸卯年（一七八三）鄭懷德避西山之亂前往高棉時，路經鐵壘之陳將軍廟，因之題曰：

國破臣心不二操，陳家一葉濟風濤，途窮寧作巢南鳥，
命蹇空懷伐北刀，鐵壘至今寒膽魄，崖州從此絕明旄，
行人亦有英雄淚，爲向祠前洒一澆，

並於「鐵壘」名下註曰：

眞臘時以鐵索截江拒戰，陳破降之，後于其處建祠，地名鐵壘。

是則陳將軍祠又加一處，共有五處，可知越南官民及華裔紳商對陳上川將軍敬慕之熱忱，值得吾人重視。

如上文所述，己卯年（一六九九）六十番、六十一番及六十二番廣南船之申口均稱陳尙（上）川爲「廣南兵船之頭人」；翌庚辰年（一七〇〇）阮有鏡南征時陳上川以「統兵」資格率龍門部隊從軍；再據實錄前編（卷八）顯宗辛卯二十年（一七一一）條及列傳前編（卷四）阮久雲傳之所載，同年秋久雲陞任鎮邊營副將時，陳

上川又是「總兵」，又是「守將」，可知上川自從嘉定府之開設（一七〇〇年）以降就任爲阮府之統兵或總兵，惟未知其屬於鎮邊營（今邊和）或藩鎮營（今嘉定）。不過，如顧及嘉定府所屬兩營之中，以對高棉之關係而言，鎮邊營明々是位置於邊界或者前線（81），那末與鎮邊營副將之阮久雲並稱之總兵陳上川也應該認爲駐屯在鎮邊營（也就是陳上川部之基地）較爲合理。至於陳上川被任命爲藩鎮都督，其年代意外的晚。列傳前編（卷六）陳上川傳顯宗二十三年甲午（一七一四）條云：

甲午冬，匿深發兵圍匿淹，匿淹兵少，求援於藩鎮、鎮邊二營，乃以上川爲藩鎮都督，發兵赴柴棍。

可見甲午年（一七一四）冬，上川始升任爲藩鎮都督而帶兵坐鎮柴棍。所以陳上川與柴棍發生直接關係之年代，自從甲午年（一七一四）冬以至乙未年（一七一五）夏間去世爲止，僅有半年。雖然時間甚短，但上川之駐軍柴棍，幾可認爲柴棍，即今堤岸區成聚之開始，可視爲柴棍發展之第一個階段。上引大南一統志，嘉定省，祠廟條所言：「（上川）又於柴棍建立舖市，招商客」應指此時期。

不用說，當時南圻最大之商埠是今邊和東南農耐河中之大舖洲（即農耐大舖），華商都集中於此。及後西山之亂發生，阮主睿宗於一七七五年避走南圻後，阮軍經常集合於嘉定，一般商船則一面爲商業方便起見，一面爲避開西山軍之侵掠，逐漸改泊新平江及其支流瀴㵶江（又稱牛渚、牛津或牛新，即今Ben Nghe），僑居華商亦相率遷居其畔，此乃柴棍舖發展之第二個階段。

以目前史料之情況而言，我們未發現有關陳上川建設柴棍之直接性史料。不過陳上川建設柴棍舖之事實却無人懷疑之。除上引大南一統志之文外，據李文雄、崔瀟然兩氏之越南雜紀，嘉盛明鄉廟（今堤岸水兵街門牌二四六號）建立於一七八八年；明命（一八二〇—一八四〇）初年經鄭懷德、吳仁靜等明鄉人士重修，內祀明朝歷代皇帝與陳上川、陳安平等先賢，（82）可證當地之明鄉社會也視陳上川爲柴棍舖之創建人物。

通志（卷六）城池志，藩安鎮，柴棍舖條云：

柴棍舖距鎮南十二里，當官路之左右，是爲大街，直貫二街，際於江津，橫以中街一，下沿江街一，各相貫穿，如田字樣，聯簷門角，華唐雜處，長三里許。貨寶錦緞、瓷器、紙料、珠裝、書坊、藥肆、茶舖、麵店，南北江洋無物不有。大街北頭本舖關帝廟，福州、廣東、潮州三會館分峙左右。大街中之西天后廟，稍西溫陵會館，大街南頭之西漳州會館。凡佳辰良夜，三元朔望，懸燈設案，鬥巧爭奇，如火樹星橋，錦城瑤會，鼓吹喧闐，男女簇擁，是都會鬧熱，一大舖市。大街中古井甘水洋溢，四時不竭，橫街小溪，架大板橋，兩廓瓦店列構其上，帷幔蔽日，街路陰凉，如行高堂之下。舖中大街東平安市海錯山肴，地產土貨，夜猶燒燭以買賣。

此文所言雖是十八世紀末年柴棍舖繁榮之概況，但該舖初建時代之規模亦可想而知。

八、陳大定之冤案與龍門部隊之解散（一七一五—一七三三）

一七一五年陳上川卒後，其所率龍門部隊歸誰指揮，實錄前編並無明文交代。唯列傳前編（卷六）陳上川傳則記述上川病逝後，祇云：

子大定以父蔭，歷官統兵，

但未說大定馬上就接任龍門部隊領袖之地位。同時我們也未詳龍門部隊曾否參加一七一五—一七一七年在暹、棉、越交界一帶之戰爭。不過，陳上川生前爲鎮邊營之統兵及藩鎮都督，那末，其所領之部隊也應該屬於藩鎮營，照理也在參戰之列。

據Leclère高棉史之所載，一七一七年暹羅援軍與匿淹、阮府之聯軍交戰之結果，暹軍雖然失利而引返，但匿淹終於承認暹王對高棉之宗主權，表示願永爲暹羅附庸。(83)此當可揭露雙方達到妥協，以匿淹表示向暹羅之臣屬爲條件，暹王不再向高棉出兵，並斷擁立匿新之念。雙方妥協之主因，可能是廣南之明王對南圻、高棉之問題不再感興趣所致。當時之明王可謂專心想揮軍北進。實錄前編（卷八）顯宗丙申二十五年（一七一六）秋八月條云：

時國內彊盛，上欲大舉北伐。以鄭將黎時寮鎮乂安，守備嚴密，乃密使福建商人平、貴（二人名俱缺姓）如廣西，由諒山關入，細探北河虛實。平、貴既抵東都，訪知軍國兵民情狀，居二月復由舊路回廣東。

丁酉年二十六年（一七一七）春二月條繼云：

平、貴等自北歸，具言北河勢未可乘。北伐之議遂寢。

可見一七一六—一七一七年間明王之關心都集中在北河，因之，不願在南境消耗兵力，盡量採取綏靖政策。雖是，匿淹一面爲阮主附庸，一面又向暹羅稱臣，實不易維持越暹兩國在高棉勢力之均衡，未幾便引起大臣們及人民之不滿。匿淹未克維持國內之統制，於一七二二年便讓位其子匿他（Neak Angk Chey，亦稱Préah Sotha）。匿他登位後國內暫安。及七年後（一七二九）宣布退位，由其父匿淹重祚，但祇過一年，於一七三〇年，匿他又復位，而匿淹則從此隱居於羅壁城。（84）關於此段時期之高棉國情，實錄前編（卷九）肅宗辛亥六年（一七三一）夏四月條匿他名下之註文僅稱：「匿淹之子，匿淹老，使攝國事」，此外一直保持緘默，當然我們亦無法知悉陳大定及龍門都隊之動靜。

匿他復位的翌年（一七三一），南圻又演成新的動亂，而在此亂當中陳大定任統兵，率領龍門屬將轉戰於高棉，馳驅前線，但不幸却遭阮軍統帥張福永之誣讒而招致巨禍。其間之情形，實錄前編（卷九）肅宗辛亥六年（一七三一）夏四月條，壬子七年（一七三二）春正月條，同年四月條都有記載，但是通志（城池志），藩安鎮，高棉橋條有較詳細的記述。玆引其全文於下（括弧內之文爲筆者之附註）：

先是高棉膠華淹王（即 Keo Fea Em，亦即匿淹）老至倦，委國于其子匿他權接政事，蒞羅壁城（即 Lovek）。值肅宗（阮福澍，寧王，一七二五—三八）辛亥七年（一七三一）夏四月十八日，牢人詫卒（Sotot）自求南起僞，與荒林高綿亂下嘉定，殺掠華民（通志以「華民」指越人；並以「唐人」指中國人）。時境內無事，不加防備，賊至猝迫，公私震驚。調遣迅揮該奇達成侯（缺姓）出禦於瀯標（實錄作栗江），孤軍無援，爲賊所殺。統兵定策侯陳大定率龍門屬將邀擊於芙園，破敵前兵，兇鋒稍戢。大定築華峯一面土壘拒之。統率永長侯張福永再調監軍該隊霑恩侯阮福霑（實錄作阮久霑）救應瀯標，兵殺牢賊，退回漆虬（實錄作虬澳）。福永遂分兵三路，自提水兵由前江路，福霑由八茲中路，大定出光化陸路一齊並進。牢兵奔潰竄伏深林。高棉掩他（即匿他）父子懼其殃及，亦走匿山逋府。大定按據求聞。匿他來書歷敍牢人開邊釁，懇請大兵暫停，彼願勦捕兇渠，一體向軍前解納待罪。大定以事轉報，福永不聽，必欲窮追。匿他聞之大懼，益自遠匿，適七月雨淹，福永因而許之，檄三路兵撤回嘉定。匿他返轅羅壁，而牢人萍聚求南，復行殺掠如故。匿他力少不敵，方號召諸府兵共謀合攻。

壬子八年（一七三二）正月，福永接得邊報，再勒兵進征，則牢人尋復遠颺，而匿他亦走山逋，多行賄遺，求得綏師，以徐圖殺賊。三月，福永遂留大定應捕，親率大衆回屯營休養。時連年用兵，罪人未獲，朝廷嚴加督責，福永懼罪諉稱大定前年行兵逗遛，與高綿私相結納，今利牢人之變，久擁兵權，追剿不力，密封馳奏。四月，大定進屯爐越（與羅壁同），攻撫兼施，匿他得展猷爲，遂計賺牢人，盡數殺之，自縛軍前請罪。大定留匿他於爐越，招撫流民，回兵報捷。大定既至嘉定，福永欲先發制人，遂訂日會同諸將問議。大定知之，自思前此大師調度失宜，致達成侯爲賊所殺，繼又受賄回師，進退無狀，今反歸罪於我，若受拘問，彼以權勢壓倒，煅煉成獄，將覆盆之寃，伊誰暴白，如來京請審，死亦甘心。遂乘夜與屬下駕戰船一隻詣京。船近筆羅山（實錄作筆山，屬廣義洋分），大定從弟⿱宀歲（實錄作嵗）諫云：福永是南國世臣，在廷頗多親戚，爾欲求伸曲直，誰爲辯明？豈若駛回粵東尋地安身，以免爲人魚肉。大定曰：且我考上川公，仰荷聖朝厚恩，曾有「阮爲王，陳爲將，代代公侯不絕」之諭，何等榮遇！今以一時邊帥蒙蔽之私，不就朝廷昭雪，則反逆罪成，其祖宗事業如山墜爲川谷，不但爲臣不忠，爲子亦不孝矣。何以立於天地之間哉？叱使船入瀚門（即沱灢海門），⿱宀歲毅然不從，與舟人爭舵，使船望東洋直去。大定見南風驟發，恐船到瓊海，難得返帆，心甚著急，竟拔劍斬寇，厲聲督舵工灣入瀚海門下椗，具由移呈廣南營官，求爲題達。

先自大定夜遁，調遣（即指張福永）以爲逃回廣東，畢捕全家，具事請旨。至是廣南代題一時齊到。百官議以陳大定既交通高綿，復故違將令，請勅下正法，以警頑夫。聖德鴻慈，念陳若背國之心，海外巨魚誰能制其死命，今來京求審，其間情理自有可原，論下糜留陳大定於廣南，命定赴嘉定覆審，候案結裁斷。大定牢中經日不勝氣憤，嘔血數升，尋病連綿，十二月死。及奏讞呈進，則阮福霑勁證大定無逗遛交通狀，於是大定得邀恩典，追贈都督同知，謚襄敏。以牢賊有畏福霑如虎之稱，加福霑該奇職。張福永坐失機宜，奏對不實，罷統率權，降爲該隊，調該奇阮有允往行調遣事。

關於上引文中「調遣」之名，實錄前編（卷九）肅宗辛亥六年（一七三一）四月條提及牢人詑卒侵寇嘉定後，繼云：

時嘉定諸營各設守將，上以閫外軍事須有統攝，故命福永行調遣事，諸營官兵皆屬焉。又於藩鎮營之南，別設衙莅，曰調遣營，調遣之設始此。

可知調遣之職位等於嘉定地區阮軍各單位之總司令官。實錄前編（卷九）壬子七年四月條敍述陳大定冤案及阮有允之行嘉定調遣事後，繼稱：

以阮久霑統鎮邊營。久霑在軍中眞臘畏之如虎，上聞之，故有是命。上以嘉定地勢廣漠，命閫臣分其地，置定遠州（今定遠府），建龍湖營（即今永隆省）。

綜觀上引諸文，我們不禁對陳大定悲慘的下場深予同情。上川、大定父子爲南阮彊域之拓展出死入生，克盡厥職，其在越南近代史上之豐功偉績昭然若揭，不料大定爲邊帥張福永揑造事實，誣枉忠良而招無妄之災，成爲代罪之羔羊。所幸，南阮諸將當中尙有阮久霑仗義執言，主持正義，因而挽回陳家之名譽。不然大定死也不能瞑目矣。按阮久霑、張福永均屬南阮數一數二之望族世家。據列傳前編（卷四）諸臣列傳二所誌，阮久霑之祖阮久喬，淸化貴縣人（即與阮太祖阮璜同鄉），本性阮氏，後因功賞賜從國姓，改稱阮福氏，至明命元年（一八〇二）又改賜爲阮久氏。通志（城池志）稱阮久霑爲阮福霑實因之。阮久喬於熙宗（佛王）十年癸亥（一六二三）春歸投南阮後，尙佛王第三公主玉鼎，又在文治，武功頗有建樹。其子久應、孫久世、久翊、曾孫阮久雲都當將領或顯官。久霑則久雲之長子。綜觀阮久族歷代人物，多是奉公守法，不亢不卑，爲人所敬重。一面，張福氏之祖爲張公屾，亦是淸化貴縣人，初姓張公氏，後改賜國姓「福」字，遂稱張福氏。當阮太祖（阮璜）南鎭順化（一五五八年），張公屾挈家從之，爾來歷代多在軍界服務，屢建奇功。淸化貴縣出身之望族尙有宋福洽派下之宋福族，阮有鎰派下之阮有族，事實上阮主時代奉命征戰之將領，或者顯要職位大多由此幾家所獨佔。張公屾之子爲張福奮，福奮長子福雄、次子福嶠均有武功。福嶠之子福攀尙英宗（義王）第三公主玉苪，官至掌營，於顯宗（明王）第十年代（一七〇〇年左右）出領鎭邊營鎭守。其女張氏爲顯宗長子（即肅宗，寧王）之元妃（即孝寧皇后）。雖然張氏於庚子年（一七二〇）七月，即寧王繼業之五年前已去世，但在寧王時代（一七二五—三八）張福族仍然以國戚自居，在阮府擁有舉足輕重之權勢。列傳前編雖無張福永之傳，但由於其生存年代推之，當是與福攀同輩。陳大定從弟，陳窺（歲）之勸止大定不應直訴阮府，其因即在此。當時張福族之操縱阮府可由事後對於張福永之處置察出一斑。陳大定明明爲了福永之含血噴人而含恨冤死，惟眞相大白之後福永僅被降職爲該隊，而將嘉定調遣之職位讓給阮有允而已。這簡直是私相袒護，以瞞天下耳目之作爲。這件事當可證明在寧王時代之阮府，外戚之跋扈已甚，以張福攀爲首的張福族橫行無忌，主持正義之人士消聲匿跡之事實。無怪乎，四十年後福攀次子張福巒之專橫便引起西山大亂，終於斷送了阮府之社稷。

還有一件值得注意者，是上川、大定父子對於阮主不貳之忠誠。陳上川南投以前之所作所爲暫且不談，流亡南投，於南圻得一枝棲後，則始終保持鞠躬盡瘁之態度以報答賢王以下歷代阮主之知遇，一面在軍事、建設各方面都奠立了今日南越發展之基礎。又大定明知張福族權勢之大，仍情願抵阮府辯明是非，其所恃者顯然是對阮主全副之信賴與尊崇。尤其，陳上川遺諭云：「阮爲王，陳爲將，代代公侯不絕」，這句話充分表示陳家對於阮主一貫之赤胆忠心，也可當作南遷我國僑胞能充分與土著政權戮力同心，和衷共濟之實例。

關於一七三一—三二年間牢人詫卒（Sotot）之亂以及阮府之出兵，Leclère 高棉史也有記載。（85）據其所誌，詫卒是僑寓 Preah Saut（Ba Phnom）之寮國難民，爲人瘋癲，自稱先知，揚言將殲滅在南圻之所有越人，因之掀起叛變。據管見，詫卒似與上述一七〇五年從寮國永珍流亡到高棉來的 Phya Nakon 集團有關係；他們之抵棉無不使已經夠複雜之高棉局勢更加錯綜了。再據 Leclère 所誌，阮軍（即陳大定部隊）之撤離爐越實因被匿他（Préah Sotha）之棉軍擊敗之結果，而敗殘之阮軍終於退據高棉屬地之美湫與永隆，從此而後，廣南便將此兩地歸併於嘉定府。此段記載與上引實錄前編以及通志（卷四）疆域志之所載大致相符。定遠州是新設之行政單位，包含美湫、永隆一帶，而軍事單位之龍湖營即設在永隆。通志（卷四）以其莅所在定祥鎮建登縣，安平東村地，俗名丐觥營。

此次阮軍之作戰導致了定遠州之設置，表示廣南之疆域擴張到湄公河三角洲，但也引起了一七三三年初陳大定在廣南營之寃死以及龍門部隊之解散。因越方史籍在陳大定事件以後不再提及此批華人部隊，足以令人推想陳大定一去，該部隊已被張福永解散或整編了。自從一六八二年南投以來，直至一七三二年陳大定之失腳爲止，整整五十年間，這批華人部隊或在邊和、柴棍地區，或在前江々口「工代馬」（瀛洲）地區，或在高棉之南榮，羅越地區，東奔西走，攻城奪地，爲阮主之南進屢奏奇功。當然在半個世紀之間，南投時之老兵逐漸絕跡，至陳大定時則以二世、三世之少壯爲部隊之核心，但大多是不見經傳之無名戰士，爲南圻之開拓而捐軀。

至若陳大定之身後，列傳前編（卷六）陳上川傳敍述大定卒後，僅云：「子大力，官至該隊」。實錄前編（卷十一），睿宗丁亥二年（一七六七）三月條記述暹羅爲緬甸所破，暹瘋王（Ekat'ot）次子昭翠奔河仙鎮依靠河仙都督鄚天賜；天賜恐緬甸藉辭來侵，便派屬將勝水隊該隊陳大力率兵船往戍眞奔（Chantaboun）。實錄前編此條文在大力名下註曰：「陳大定之子」。另一方面，通志（卷五）河仙鎮亦提及此項河仙鄚氏之眞奔出兵，而在「（天賜）外侄勝水隊該隊丑才侯陳文方」名下註曰：

高雷廉將總兵定策侯之子，都督勝才侯之孫，琮德侯妹子。

就是河仙勝水隊該隊丑才侯陳文方是定策侯（陳大定）之子，都督勝才侯（陳上川）之孫，也是琮德侯（鄚天賜）之妹子。以此條註文參照實錄前編之註文，我們不難認出列傳前編與實錄前編所載之「陳大力」與通志之「陳文方」乃屬同一人物。「大力」與「文方」字形相近，在兩名之中顯然有一名是誤傳。按中國人習俗與越俗不相同，父諱既爲「大定」，照理兒子不會用「大」字起名。以此看來，似以「文方」爲正名較合理。但實錄前編、列傳前編均爲阮朝官撰之正史，且爲國史館刻刊本；一面通志雖是鄭懷德之私撰，且爲寔錄前編，列傳前編等官書史料之主要來源，但向來以抄本流傳，可能在流傳之間有筆耕之抄錯亦未可知；所以究竟是「大力」或「文方」，孰是孰非實難予以斷定。因此，在未發現第三種更具決定性史料以前，筆者擬暫從實錄及列傳之所載，視大定遺子之名爲「大力」。

根據上面之考察，我們發現過去之華僑史研究者未曾注意之一項事實，就是陳大定曾娶河仙都督鄭天賜之妹（也就是鄭玖之女兒，俗傳名曰金定）爲妻，大力爲鄭氏所出，大力呼天賜爲舅父，易言之則藩鎮營之陳家與河仙鄭家之間曾有聯婚的關係，足以推想兩家之間曾有過某種提携或合作。同時可知陳大定冤死後，大定之夫人便携眷離藩鎮營走依天賜，很可能偕一部龍門將士同往，爲後日河仙勝水隊之核心。河仙鎮雖隸屬南阮，但是一個內政上有自主權之自治邦，由天賜全權統治，而天賜又是大力之舅父，豈有忍心將這位備嘗憂患之寡婦與孤兒們置之不顧之理？我們相信陳大力與其眷屬們終於在河仙找到了溫暖且安適的生活環境。

我們不難相見，陳人定悲劇性之冤死，龍門部隊之解散在南圻華僑社會中所引起之動搖與衝擊。越方史籍雖隻字未提及此事，但調遣張福永之坐誣告與降職，又陳大定之同僚而主持正義，竭力爲大定辯護之阮久霑被任爲鎮邊營統兵等事實，當可揭露阮府對於陳大定事件之善後處理似也顧及當地華僑之態度與情緒。

附註

註一 拙著，清初鄭成功殘部之移殖南圻（上），新亞學報，第五卷，第一號，頁四三三——四五九，一九六〇年。

註二 林春勝、林信篤編，浦廉一解說，華夷變態，東洋文庫叢刊第十五（上、中、下），昭和三十三——三十四年，頁三六七。

註三 華夷變態，頁三九八——三九九。

註四 華夷變態，頁四三一。

註五 陳倫炯，海國聞見錄（藝海珠塵本）1a—2a。

註六 據貞享乙丑年（一六八五）十番廈門船之申口，由於楊安舍等人之勸誘，原屬東寧之四艘船（卽甲子年九番廣東船、十一番廣南船、十四番暹羅船及二十番暹羅船）已遵施琅通令駛返廈門以投歸清朝。參看華夷變態，頁四六三。

註七 施琅，靖海記事，卷二。

註八 Francis Garnier, Chronique royale du Cambodge, Journal Asiatique, 6e serie, t. XVIII, P. 373.

註九 Nicolas Gervaise, Histoire naturelle et politique du royaume de Siam, 276—277, Paris, 1688.

註一〇 A. Leclère, Histoire du Cambodge, depuis ler siècle de notre ère, p. 356—357, Paris, 1914.

註一一 Nicolas Gervaise, op. cit., p. 277—279.

註一二 己未年爲公元一六七九年。此年代之不可靠筆者已於本文上篇予以論考。請參看本文上篇，頁四四六以下。

註一三 W. Dampier, Un voyage au Tonkin en 1688, Revue Indochinoise 1909, p. 326.

註一四　大南一統志，邊和省，祠廟條稱此廟爲關公廟。其文不載鄭氏主持修復該廟之事，惟畧云：經西山亂，二祠（即福州會館與廣東會館）毀廢，惟此獨存，屬省淸人明香，歲辰香火，廟貌如故。

註一五　「婆儀」即 Ba Nghi 。「婆」是越語女性第二、第三人稱之敬稱。據大南一統志所載，於嘉定省（即藩安鎭）平陽縣有兩處紀念婆儀之地：一則「氏儀市」，見於同志嘉定省市店條；再則「氏儀橋」，見於津梁條。其文曰：「在平陽縣，橋九尺（丈？），相傳氏儀統率阮久雲之女，開墾田宅，建造橋梁以渡行人，故名。明命十七年（一八三六）重修。」此文中「相傳氏儀統率阮久雲之女」一句文恐屬誤傳，此「氏儀」應視爲鄭懷德祖批「王氏儀」較合理。

註一六　A. Leclère, op. cit., p. 357—363.

註一七　華夷變態，頁一一二八。

註一八　華夷變態，頁七八四。

註一九　華夷變態，頁七八四。

註二〇　東洋文庫本之華夷變態缺此句文。玆以台灣大學所藏內閣文庫倣鈔本補之。

註二一　W. Dampier, loc. cit., p. 326—327.

註二二　A. Leclère, op. cit., p. 357—359.

註二三　華夷變態，頁一一四九。

註二四　華夷變態，頁一一五五。

註二五　大南實錄前編，卷六，7a—10a。

註二六 華夷變態，頁一一二七——一一二八。

註二七 華夷變態，頁一一四九、一一五三——五四、一一五五。

註二八 華夷變態，頁一二六五、一二九五。

註二九 華夷變態，頁一二九〇、一二九二。

註三〇 據庚午年（一六九〇）八十九番廣南船（七月二日離廣南）之申口，廣南屋形（阮主）於去年（一六八九）派士卒約三千名赴柬，然因該批軍隊敗潰，所以今年（一六九〇）阮主復選拔一批將士重派南下，但未聞戰鬥之結果。同年九十番廣南船（六月廿二日離廣南）亦云：廣南於去年及今年派出士兵數千馳援二王，但未聞戰績如何。可見廣南阮府挽回頹勢之努力都告失敗。參看華夷變態，頁一二九〇、一二九二。

註三一 華夷變態，頁一三七三、一三九五。

註三二 華夷變態，頁一四七〇、一四七三、一四八三，

註三三 華夷變態，頁一二六五——六六。

註三四 E. Gaspardone, Un Chinois des mers du Sud, le fondateur de Ha.tien, Journal Asiatique, année 1952, P. 367, n, 3.

註三五 杉本直治郎、金永鍵共著，印度支那に於ける邦人發展の研究，頁八——十二，東京，昭和十七年。

註三六 E. Aymonier, Dictionnaire Khmer-Francaise, P. 317, Saigon, 1878.

註三七 華夷變態，頁一三七四——七五、一三九五、一四七〇、一四七三、一四七六、一五七八。

註三八 華夷變態，頁一六七五、一六七七。

註三九 板澤武雄，阿蘭陀風說書の研究，頁一六八，東京，一九三七年。

註四〇 板澤武雄，上引書，頁一六九——一七〇；華夷變態，頁一六七六。

註四一 大南實錄前編，卷七，四a——四b；六a——六b；七b——八a。

註四二 A. Leclère, op. cit., P. 364.

註四三 華夷變態，頁一七四〇——四一。

註四四 板澤武雄，上引書，頁一七三。

註四五 華夷變態，頁一七七〇、一八〇九、一九二三。乙亥年（一六九五）五十九番寧波船之行程是乙亥年春間赴柬埔寨交易；一但返浙江後，於八月廿五日離寧波赴日。

註四六 Chen Ching.ho, Some observation about the villge of Minh.huong and Monuments at Faifo(Hoi.an), Central Viet.nam (in Vietnamese), Viet.nam Khao.co Tap-san, so 1. P, 16—18. Saigon, 1960.

註四七 拙著，承天明鄉社與清河庯，新亞學報，第四卷，第一期，頁三〇六——三〇九，香港，一九五九年。

註四八 拙撰，承天明鄉社陳氏正譜，東南亞研究專刊之四，頁三一——三三，香港，一九六四年。

註四九 華夷變態，頁一九九三。

註五〇 華夷變態，頁一九九五。

註五一 華夷變態，頁二〇二一。

註五二 華夷變態，頁二〇八七——二〇八八。

註五三 華夷變態，頁二〇八九、二〇九〇。

註五四 華夷變態，頁二〇六三、二〇七九——二〇八〇。

註五五 A. Leclère, op. cit., P. 365—366.

註五六 A. Leclère, op. cit., P. 366—367.

註五七 華夷變態，頁二三三五。

註五八 華夷變態，頁二三九六。

註五九 A. Leclère, op. cit., P. 367—368.

註六〇 A. Leclère, op. cit., P. 368—369.

註六一 A. Leclère, op. cit., P. 369—370.

註六二 華夷變態，頁二四五一、二四九二。

註六三 華夷變態，頁二四五一。

註六四 大南實錄前編，卷八，十二b。

註六五 大南實錄前編，卷八，十三b。

註六六 大南實錄前編，卷八，十五a—十五b。

註六七 大南實錄前編，卷八，8b—9a；17a。

註六八 A. Leclère, op. cit., P. 368—370.

註六九 華夷變態，頁二七一九——二七二〇。

註七〇 三木榮，山田仁左衛門尉長政，頁五八——五九，東京，一九三六年；張燮，東西洋考，卷二，暹羅條。

註七一 關於鄭玖之籍貫，參看拙著，河仙鎮叶鎮鄭氏家譜註釋，國立台灣大學文史哲學報，第七期，頁八三，台北，民國四十五年。

註七二 A. Leclère, op. cit., P. 370—371.

註七三 Francis Garnier, loc. cit., P. 379—380.

註七四 華夷變態，頁二七一九——二七二〇。

註七五 Francis Garnier, loc. cit', P. 380.

註七六 乙未年（一七一五）十一月鎮邊營副將阮久富被召回，以阮久霑（阮久雲子）爲鎮邊營留守。實錄前編，卷八，25b—26a。

註七七 A. Leclère, op. cit., P. 371; W. A. Wood, A History of Siam, P. 227—228, London, 1926.

註七八 此船是由暹羅王家派遣往日貿易之船，船頭胡應候，載有暹人兩名與唐人六十二名。華夷變態，頁二八〇五。

註七九 A Hamilton, A New Account of the East Indies, vol. II, P. 196—198, Edinbourg, 1727.

註八〇 拙編，鄭懷德撰，艮齋詩集，東南亞研究專刊之一，頁三五——三六，香港，一九六二年。

註八一 大南實錄前編（卷二）熙宗己巳十六年（一六二九）十月條鎮邊營名下註曰：「拓土之初，凡界首者名爲鎮邊」。

註八二 李文雄編著，崔瀟然校訂，越南雜紀，頁四一，堤岸，民國三十七年。

註八三 A. Leclère, op. cit., P. 373.

註八四 A. Leclère, op. cit., P. 373—374.

註八五 A. Leclère. op. cit., P. 375.

（一九六八年三月十九日，於淸水灣泰廬）

书评

杨宏云:《东南亚华侨华人的跨国实践与认同流变——以印尼华商为例》,厦门大学出版社,2017 年,254 页。

跨国主义理论自 20 世纪 90 年代出现之后,逐渐运用到海外华人研究领域。华商作为海外华人研究的重要对象之一,也开始与跨国主义理论范式相结合,相关的中英文研究成果日趋丰富。杨宏云博士的新著《东南亚华侨华人的跨国实践与认同流变——以印尼华商为例》一书以印尼华商为研究对象,运用跨国主义理论框架,力图揭示"全球化下东南亚华侨华人跨国实践与区域融合的关系,进而形塑的跨国新认同"(第 5－6 页)。该书是对跨国主义理论和当代东南亚华商相结合开展实证研究的又一有益的探索和推动。

全书约 30 万字,由七个章节构成。第一、二章阐述了该书的研究方法和理论,指出当前"跨国性研究的成果多集中于理论探讨,而少实证研究"(第 45 页),因此,作者指出,该书重在"运用跨国主义理论,将印尼华侨华人嵌入东南亚华人发展、全球化、区域融合大背景下,以较为客观的立场,探讨印尼华侨华人社团与社团的华商实践跨国主义的缘由、动力、领域和类型,继而导致认同在全球化、区域融合下的新发展……为跨国主义理论与实践提供新的例证"(第 18 页)。为了论证印尼华商跨国实践的历史基础,第三章从历时性角度分析了印尼华商跨国实践的历史遗产,包括印尼华商与中国之间以及印尼华商与东南亚其他华商之间的历史性跨国联系。

第四、五章是全书的重点。作者认为,"华侨华人社团以及社团的华商领袖是跨国实践的主体"(第 109 页),于是,在接下来的两章中展开了详细的论证。作者在第四章以社团为中心,重点论述了印尼华人社团与社团华商领袖努力通过各种渠道,多方式、多举措地创建各类型的跨国平台,如"举办世界性的社团活动""打造经贸合作平台""通过社团庆典活动推动跨国交流""利用国际性的文体活动打造跨国实践平台"等(第 118－134 页)。在第三节,作者进一步从"与祖籍地之间的跨国空间"和"与东南亚各国各地华社之间"两个角度阐述了印尼华商及其领导社团的跨国实践(第 134 页)。在阐述印尼华商个体的跨国活动时,作者指出东盟区域内华人个体,主要是以华商为主的社团领袖之间的跨国合作是其重要组成部分(第 146 页),但遗憾的是,作者所选取的几位华商如黄双安、熊德龙、翁俊民、陈志明等人的实证案例,都无法充分论证这些华商社团领袖的经贸跨国合作是以社团的跨国网络为依托并在社团领袖之间建构完成的。第五章着重阐述了印尼华商的跨国实践与认同流变。作者在分析了东南亚华侨华人认同的历史脉络后，指出了当代印尼华商认同新发展的四个特征：“东南亚区域认同感增强”“国家认同意识下文化认同、族群认同的重新表述”“全球性认同的萌发”以及“多重叠合性认同的出现”（第187－211页）。印尼华商这些认同特点的形成，不仅与全球化、区域融合以及日益频繁的东南亚华人跨国活动这一大背景有关，更与“二战”后印尼的政治、经济、社会发展有着直接的密切关联，如后苏哈托时代印尼民主的纵深发展，中国崛起以及中国、印度尼西亚之间经济外交关系的加深，印尼对东盟区域一体化的深度参与，以及当代印尼华人政治、社会地位以及文化教育素质的提升，等等，但遗憾的是，作者对此虽有所提及，但并没有加以详细展开，深入论证。

第六章和结论部分，是对全书的概括总结。作者强调了全球化、区域融合以及中国崛起三股力量对东南亚华人频繁跨国活动的推动，并进一步总结了印尼华商的跨国特点：他们不仅积极参与全球、区域华社的跨国实践，而且努力构建跨国平台以适应跨国主义趋势，将自身发展深植跨国主义进程中。但在长期的压力与抑制中，印尼华商的跨国实践隐然存在一定的顾虑和制约，表现出游离的症状（第225页）。

总之，该书是作者多次赴印尼进行田野考察的结果，因此，在写作中，作者运用了大量的报纸、社团刊物以及访谈等一手文献，并将访谈的37位华商简历列于文后，可见该书资料之丰富翔实。此外，作者在运用跨国主义理论时，力图“超越对移民在输出国和移入国两点之间流动过程的关注，从具有明确边界的中心和边缘的双维空间转换到多维的全球跨国空间当中去”（第222页），因此，在展开具体论证时，作者注意到了印尼华商跨国空间的多维性，不仅注重分析印尼华商与中国的互动，也关注到印尼华商以东盟区域为主要活动的跨国场景，这是对当前跨国移民研究多数只关注祖籍国和移居国两点之间跨国互动的进一步的发展、补充和完善。

但纵观全书，文中仍有以下几点值得进一步商榷：

首先，就研究对象而言，该书选择“印尼华侨华人社团与社团的华商”（第18页）作为具体分析对象，作者认为，“华人社团与华商领袖成为跨国实践的主体”（第109页），“移民个人跨国实践往往通过社团的方式来体现”（第114页）。这一说法无疑夸大了华人社团的角色和作用。的确，社团是海外华人社会的重要组成单位，但其尚无法构成海外华人跨国生活的全部。一些参与社团并担任领袖职务的华商，尽管在社团的跨国活动中发挥了重要的领导作用，社团也“为华商个体，主要以社团领袖为主的跨国化提供便利”（第114页），但这并不足以构成当代华商跨国活动的主线。对于华商而言，社团活动多是社会性的、集体性的和场面性的，很多涉及华商个人的跨国商业活动都具有私人性和隐秘性，是其在私下展开的。此外，作者也指出，“在东南亚华商华人的跨国活动中，也存在着不同社会阶层的跨国实践和经济表现形式。其中既有人们所熟知的港台企业家、高科技专业人士，又有普通民众，甚至非法移民等。……社团的领导性地位已变得日益弱化，个人性的选择随着全球化所提供的机会而明显增加，尤其对于双语、双文化的跨国华人而言”（第117页）。既然如此，该书讨论印尼华商的跨国实践，只将担任社团领导职务的这一小部分华商作为分析对象，无疑是有失偏颇的。

不仅如此，作者在第六章明确指出：“印尼华人的跨国实践主体更多的是新客华人，或者是接受过华语教育的一代华人移民，其在移居国的经济成就较大，影响还行……其跨国实践还处在小规模或是观望状态。”（第220页）众所周知，印尼华社经历了30多年的文化断层，接受华语教育的少之又少，当今的印尼华商多为土生土长。既然如此，这批人数稀少的跨国华商所形成的“华商精英（领袖）为中心的新的跨国权力结构和经济网络”，是否足以代表说明当今印尼华社的新变化和新趋势，还值得进一步思考和斟酌。

其次，作者在研究印尼华商的跨国性时，重点在表述印尼华商作为东南亚华社的重要组成部分，更多地与东南亚华社发展趋势相一致。尽管东南亚地区华人社会发展有着共同性，但每一国家的华人社会的个性特点也是颇为鲜明的。印尼华人所遭遇的严重的“社会创伤”，激荡的本土民主化进程，以及在主流社会的边缘地位等，都与新加坡、马来西亚等其他东南亚国家的华人社会截然不同，因此，在看到印尼华商与东南亚地区的华商具有趋同性的同时，也应注重挖掘印尼华商的个性，诸如人口构成、教育背景、社群结构、组织特点等，这样才能更为深入地解析印尼华商的跨国实践与认同流变。

最后，在理论层面，作者运用跨国主义理论，意在打破“既往的研究时常以特定的‘地域文化群体’为分析单位”的传统范式（第222页），注重“展开对民族国家理论的反思”（第6页）。的确，这些是跨国主义这一理论框架最初被学术界所推崇的主要初衷。但是，随着跨国移民研究的深入，越来越多的学者开始注意到“民族国家”这一角色在跨国研究中的不可或缺性，并主张重新将“民族国家”带回。因此，民族国家和华商跨国性的辩证关系，或许是该书值得深入探讨的另一个层面。

暨南大学

纪蓝

G. Benton（班国瑞）and F. N. Pieke（彭轲）, *The Chinese in Europe*（《欧洲华人》）, Macmillan and St. Martin's Press, 1998, 390 pp.

对研究欧洲华人的学者来说，由班国瑞（Gregor Benton）与彭轲（Frank N. Pieke）合作主编的这本论文集是一本非常重要的参考著作。我们对于海外华人的了解，主要来自学术界对东南亚、北美和澳大利亚华人的一些研究。对于欧洲地区的华人，我们了解的相对较少，而本书的作者们向我们清晰地指出，华人是近代较早到达欧洲的一个移民群体。但是，移民欧洲的华人与移民北美的华人之间存在着很大的差异。与北美相比，华人移民欧洲的数量较少，根本无法形成规模不一的“唐人街”。欧洲华人主要来自浙江省，尤其是来自温州和青田这两个地区，因此，移居欧洲的华人移民与迁徙到世界其他国家和地区的华人不太一样。倘若某些专注于研究海外华人社区传统课题的学者忽视本书，则会得不偿失。要知道，本书的作者探索了一系列范围广泛的问题，诸如：华人的经济活动、华人社区的性质和身份认同、区域性社团组织、华人的融合和同化，以及华人的政治参与，见解独到。

本书认为，华人是在向整个欧洲迁徙，并不是个别移民前往某个欧洲国家。欧洲大陆的任何一个华人群体内部始终都是游离不定的。若用本书某章作者的话来说，华人抵达欧洲的时间很早，在第一批抵达欧洲的近代欧洲移民中，或许就可见到华人的身影。乍看起来，这种说法似乎显得很矛盾，难以自圆其说，因为华人并不是欧洲人。这是一个有趣的假设，却也是本书的架构所无法证明的。在本书的绪言中，两位编者充分意识到这一潜在的缺陷，但是，他们仍然坚持用一种国别的案例研究方法来研究华人，而不是用其他任何一种从整个欧洲的视角切入的研究方法。选择这种研究方法的好处在于，不仅可以归纳、总结欧洲各国的华人情况，而且可以将不同国家的华人社会的特异性抽出来加以比较研究。

本书用了很长的篇幅来分别讨论英国、法国、荷兰这三个欧洲最大的华人社会，另外的一些章节则研究了丹麦、德国、西班牙、葡萄牙、意大利和俄罗斯的华人社会。其中，研究俄罗斯的有两个章节。此外，有一章专门研究中欧和东欧的华人，最后一章则讨论匈牙利的华人。书中有三章是一般性的概述，包括一章讨论华人的社团组织，一章研究华人的身份认同。尽管华人向欧洲的移民或许存在着某种共同的模式，但本书的各个章节却充分地证明，欧洲各国的华人移民社会各有不同，均有其特点。例如，当餐饮业这一华人在几乎所有欧洲国家最主要的生意遭遇危机时，不同国家的华人总是能够根据当地的具体情况，用不同的方式来应对、化解危机。

本书最重要的主题或许是欧洲华人社会的多样性，包括华人社会的起源、亚族群、华人的政治参与及所从事的经济活动等。对于那些将海外华人视为一个彼此之间毫无差别之族群的人，本书将让他们大开眼界。在分析北美华人如何作为亚族群来参与住在国的经济活动与政治生活时，本书应该说是引入了一个新颖的研究视角，颇有裨益。本书的两位编者汇聚了一批欧洲的年轻学者，来共同研究海外华人。他们为未来对欧洲华人以及全世界海外华人的学术研究奠定了一个坚实的基础，所以，我们应该祝贺他们所取得的成就。

泰国曼谷马希多尔大学
司克敦（Ronald Skeldon）
白帆　译　钱江　审校

Adam McKeown（亚当·麦肯翁），*Chinese Migrant Networks and Cultural Change*：*Peru*，*Chicago*，*Hawaii*，1900－1936（《华人移民网络与文化变迁：秘鲁、芝加哥、夏威夷，1900—1936年》），Chicago University Press，2001，xi＋349 pp.

在这一利用了大量档案而写成的上乘之作中，亚当·麦肯翁指出：在中国移民研究的学术圈子内，学者们对定居与旅居有一种二元划分法，然而，这种分析方法是错误的。这种二元划分法的本意就是将二者置于对立的立场，要么强调中国移民如何融入新的国家，要么强调他们仍然热爱着祖国。如此一来，初衷虽然不错，却忽视了移民在全球与当地这两种场域之间的互动。恰如主流历史学家与全球化鼓吹者针锋相对，前者想方设法地要将民族国家放入疆界框架内，后者则以横扫千军之势来推广世界体系，希望世界体系成为普世决定因素。对于上述这种“非此即彼”的二元对立的选择，麦肯翁提出了第三种方案。随着离散者概念（diaspora concept）重新流行，根据跨国主义和民族国家去边界化的理论，他提出了类似的理念。

不过，由麦肯翁出面来鼓吹跨国主义研究倒是挺合适的。而且，他在书中所提出的那些问题，也是笔者想要问的。研究跨国主义的学者们主要是从近年来全球秩序的转变这个视角来观察跨国社区，指出跨国主义出现之前提条件是一系列新近发生的变化，诸如：全球性的重组、运输革命、空间压缩技术的发明等。与此看法针锋相对的是较为传统的观点，抱持这些观点的学者认为，跨国实践并非新近的发明，而是颇有规律的产物，与移民群体相伴而行。待移民活动结束，关注的焦点便转到了移民同化于当地社会的趋势。这些彼此对立的视角为麦肯翁等学者提供了一个研究框架，让其可以建构起一段较长时段的跨国主义的历史。

麦肯翁同样批评了跨国主义研究中将跨国移民视为同质化移民的倾向，他强调全球化进程之自主性，反对将全球化的进程嵌入地方语境的框架下进行研究。麦肯翁一方面借用了布迪厄的有关“思维习性”的理论，认为跨地区的文化场域在一个彼此分隔的世界里能够保持稳定；另一方面，他仍坚持扎根于地方的研究。虽然是处在一个范围更广的种族和移民的话语框架之内，族群身份的认同依然需要在本地的层面协商解决。麦肯翁起初只想对秘鲁、芝加哥和夏威夷三个地方的移民进行比较研究，解释其地域性的不同。但是，随着他的这部著作逐渐成形，他的视野扩大到了全球移民迁徙过程的高度，上述这些地方的移民活动则成为全球移民大历史的不同的组成部分。

那些从民族国家的角度出发研究国际移民的历史学家往往将华人移民人口和性别比例的变化归咎于移民禁令，本书的第二章挑战了这种观点。虽然实施的是同样的移民法律，但是，在夏威夷，华人移民的性别比例趋于正常，而在美国大陆，男性华人移民的比例却长期高居不下。尽管秘鲁较晚才开始排华，但女性华人移民在秘鲁的比例却是最低的。麦肯翁认为，不同国家华人移民性别比率之所以会出现不同，其根源在于“全球经济关系与华人跨国家庭的生存策略”（第25页）。

在第三章和第四章，作者考察了华人移民社会的各个层面，诸如：华人的网络、民族主义、族群性、习俗和社团等。在其后的章节里，作者描述了华人移民在秘鲁、芝加哥和夏威夷三地是如何各具特色地嵌入当地的移民散居网络的。在秘鲁，华人移民以受人尊敬的大都市商人的形象爬到了种族等级社会的顶端。在芝加哥，华人移民为自己寻找了一个安全稳妥的带有异国色彩的职业。在夏威夷，1930年时已有一半的华人是土生华人（这一比例远远大于秘鲁和美国本土的华人移民社会）。所以，他们将自己重新界定为一个在多元文化社会中的族群。一方面，他们充分利用自己的移民传统（诸如中国与日俱增的声望和华人跨国网络）所带来的利益；另一方面，他们也在享受着自己早已融入夏威夷社会的诸多好处，因为华人移民曾对夏威夷当地的社会与经济贡献良多。

本书的主要论述内容截止于1936年。当时，移民在这些国家的人口中已占据多数，而在夏威夷，移民则成为最大的少数族裔。所以，除了在讨论夏威夷时发表些自己的看法，麦肯翁对移民与华人族群之间的差异几乎不置一词。人们一般认为，移民与故乡之间的联系十分密切，跨国的心态因此相当强烈。麦肯翁的研究似乎证实了这一点。然而，他在讨论华人移民时，却暗示自己对此有不同的看法。例如，他指出，华人社团最初关注的是移民群体的互助，以及海外华人移民与中国的纽带。渐渐地，华人社团转向再度关注慈善性质的社团服务、文化传统和野餐活动。在那些华人社团已趋于成熟的国家，类似的场景随处可见。年轻一代的华人认为这些社团活动非常无聊，与己无关，其长辈们则担心华人社团后继无人，出现断层。但是，麦肯翁认为，华人社团的老化现象恰恰是“人类生命周期”的反映，并不说明华人社团走向衰微（第263页）。他的这一观点不可能经受得住时间的考验。

麦肯翁认为，在夏威夷，乡村组织和姓氏宗亲组织仍然扮演着重要的角色，即使是那些本土出生的华人也得依靠这些社团组织来构建“经济网络的平台”。麦肯翁的这一观点与其他学者的看法截然不同。其他学者认为，华人商业网络的基础是信任和亲属关系，而早期的华人社团促使了这种商业网络的出现。但是，若移民现象消失，华人社团的这种功能也就丧失了。麦肯翁做出这样相反的结论，其根据是什么？不得而知。麦肯翁指出，夏威夷华人经济的特征就是激烈的竞争，所有想要规范经济活动或控制物价的尝试都以失败告终。

在本书的结论部分，麦肯翁回应了当前那些有关再度中国化和当下在海外华人中重新出现的跨国纽带的理论。他认为，这些理论说的就是“离散者移民企业家精神”或“全球化的中产阶级”。他指出，个别国家虽然能够主导华人移民的环境，但这样的时期是很短暂的。而且，他也承认，能够控制资源并加入这一“全球文化”的华人其实为数极少。如此一来，他的那些振聋发聩的结论难免受到损害，尽管他已把这些结论与自己的主要研究发现人为地捆绑在了一起。即便有这些瑕疵，本书中对移民时代华人移民跨国性的分析绝大部分是很精彩的，为全球移民的研究作出了重大的贡献。

英国卡迪夫大学历史与考古学院
班国瑞（Gregor Benton）
赵思洋　译　钱江　审校

编余缀语

经过多次调整与修改，《海外华人研究（第二辑）》终于要与学术界同行见面了。本辑共收录了五篇论文和三篇书评。其中，“海外华人研究”栏目所收录的三篇论文，分别讨论日本、东南亚和巴西的海外华人。

数个世纪以来，在中国的海外移民中，福建籍海外华人一直是一个非常重要的群体。日本南山大学的张玉玲教授是一名较为年轻的人类学家，近年来一直在日本多个地方及中国福建省福清市侨乡做田野调查，跟踪在日福清籍华侨、华人群体的发展和变化，本辑收录的正是作者所承担的这一研究课题的最新的阶段性成果。在这篇文章中，作者对第二次世界大战前福清人向日本的移民历史、福清籍老华人在日本的经商活动、福清人与日本女性通婚的情况，以及战前福清人在日本所成立的华侨社团等情况做了概述。此外，作者还颇为深入地描述了移居日本的福清人是如何在战后逐步地建立起自己在日本各地的同乡网络，老华人社会所面临的后继无人的困境，以及在日福清华人如何成功地吸引移居日本的福清籍新移民加入自己的同乡社团组织，从而导致在日福清籍的华人社会结构逐步地发生变化。作者以普度祭祀活动为研究个案，具体、细致地分析了福清籍华人如何通过携手筹办普度祭祀活动来传承故乡的文化习俗，同时如何加强了同乡华人社会的内部整合。

张玉玲教授研究的是福州地区的海外福清人，暨南大学华侨华人研究院的任娜副教授研究的则是闽南地区的海外晋江人。在大量文献史料和田野调查的基础上，任娜以当代海外福建晋江籍华人为研究对象，以地方性认同为切入点，深入探讨了中国改革开放后的二十多年间地方性认同是如何贯穿到海外移民在祖籍地的商业活动中，揭示出二者交织所构成的跨国网络的特点、机制与表现形式。作者指出：当海外华人将基于地缘、血缘、方言等因素所产生的信任运用到商业网络的建构时，也就实现了地方性认同资源向社会资本的转化。

相对于亚洲地区的海外华人研究而言，南美华人移民的研究成果较少，本书主编为此专门约请暨南大学的莫光木博士协助翻译了加拿大学者石峻山（Josh Stenberg）博士的一篇有关巴西圣保罗华人研究的英文论文。石峻山博士根据自己在巴西圣保罗所查找到的档案文献以及田野访谈记录，试图勾勒出中国人移居巴西的历史线索，并对当今巴西社会（以圣保罗为中心）中华人移民的经济活动、社团组织、华校等情况进行了概述。此外，作者选择了四个华人移民的个案进行具体分析。作者在结论部分提出的一个观点很有趣，他认为：“事实上，与那些非常富裕但移民障碍重重的发达国家相比，来自浙江和福建乡村的移民或许有更多的机会来实现自己的巴西梦，而不是美国梦、加拿大梦或澳大利亚梦。”

钱江教授对柬埔寨中国新移民的田野调查和跟踪研究已持续多年。在本辑收录的这篇论文中，作者以柬埔寨的港澳地区新移民群体作为考察对象，探讨其为何能够在异地他乡建立起自己的各种社会网络，为何这批来自港澳地区的移民企业家会比那些来自台湾和大陆地区的中国新移民更为成功，以及如何理解东南亚国家中的华人资本主义、企业家精神和裙带资本主义。作者认为：港澳移民企业家不仅具有敏锐的商业嗅觉，善于抓住商机，而且富有企业家的创业奋斗精神，这些素质使得他们能够很快地适应不同的海外环境，融入当地社会。尽管如此，他们仍然需要建立起一些制度化的机制，并依赖这些机制来保护自己的商业利益。

改革开放之前，海外学者曾出版、发表过不少相当优秀的研究论著。由于历史方面的因素，国内学者大多难以见到这些研究成果。有鉴于此，本辑增加了“海外学者名著重刊”这一新的栏目，拟分批收录部分早年发表在海外的华人研究学术名著。在这一辑中，影印重刊了已故研究越南史和越南华人问题的权威学者陈荆和教授的长篇论文《清初郑成功残部之移殖南圻》，以供广大年轻学者在研究越南华侨史时参考。

本辑收录的三篇学术书评各抒己见，对三部研究海外华人的学术著作做出了综合概述和自己的点评。之所以决定将有关 Adam McKeown 的一篇书评列入，不排除带有纪念这位英年早逝的优秀的历史学家的考虑。

主　编